●シリーズ●
世界の社会学・日本の社会学

Shimmei Masamichi

新明正道

―綜合社会学の探究―

山本鎭雄 著

東信堂

「シリーズ世界の社会学・日本の社会学」(全50巻)
の刊行にあたって

ここにこれまでの東西の社会学者の中から50人を選択し、「シリーズ世界の社会学・日本の社会学」として、その理論を解説、論評する叢書を企画、刊行することとなりました。このような大がかりな構想は、わが国の社会学界では稀有なものであり、一つの大きな挑戦であります。

この企画は、監修者がとりあげるべき代表的な社会学者・社会学理論を列挙し、7名の企画協力者がそれを慎重に合議検討して選別・追加した結果、日本以外の各国から35巻、日本のすでに物故された方々の中から15巻にまとめられる社会学者たちを選定することによって始まりました。さらに各巻の執筆者を、それぞれのテーマに関して最適任の現役社会学者を慎重に検討して選び、ご執筆を承諾していただくことによって実現したものです。

各巻の内容は、それぞれの社会学者の人と業績、理論、方法、キー概念の正確な解説、そしてその今日的意味、諸影響の分析などで、それを簡潔かつ興味深く叙述することにしています。形態はハンディな入門書であり、読者対象はおもに大学生、大学院生、若い研究者においていますが、質的には専門家の評価にも十分に耐えうる、高いレベルとなっています。それぞれの社会学者の社会学説、時代背景などの紹介・解説は今後のスタンダードとなるべきものをめざしました。また、わが国の15名の社会学者の仕事の解説を通しては、わが国の社会学の研究内容の深さと特殊性がえがきだされることにもなるでしょう。そのために、各執筆者は責任執筆で、叙述の方法は一定の形式にとらわれず、各巻自由に構成してもらいましたが、あわせて監修者、企画協力者の複数によるサポートもおこない、万全を期しております。

このシリーズが一人でも多くの方々によって活用されるよう期待し、同時に、このシリーズが斯界の学術的、社会的発展に貢献することを心から望みます。

1999年7月

監修者　北川隆吉　　東信堂社長　下田勝司

企画協力者（敬称略）　稲上　毅、折原　浩、直井　優、蓮見音彦
宝月　誠、故森　博、三重野卓(幹事)

新明正道 (1898－1984)
1979 (昭和 54) 年 4 月、東京・学士会館

本シリーズの企画協力者の一人で、新明先生の高弟、故・森博先生に本書を捧げる。

はじめに

本書はシリーズ『日本の社会学』の一書として日本を代表する社会学者であり、学説史家である新明正道博士（一八九八〜一九八四、以下、新明と略記する）を取り上げる。ただ、本シリーズは主に学部・大学院の学生を対象とし、ハンディな入門書でありながら、同時に学術書の水準を保つことが望まれている。本書がそのような要求を満たし得るかどうかは、読者諸賢の評価を待つほかはない。ところで、今、なぜ、新明正道の社会学の研究を取り上げるのであろうか。以下に述べるような理由で、新明の社会学は、決して過去に属する社会学ではなく、古くてなお新しい問題を提起し、しかも社会学が避けて通ることのできない問題を内包しているのである。

新明社会学の今日的問題

まず第一に、新明は、日本の社会学が形成・確立する時期に「社会学とは何か？」「何のための社会学か？」「社会を社会たらしめているものは何か？」という社会学の学問的性格、あるいは「社会学の起源を何に求めるか？」といった社会学の学史的な問題と格闘し、世界を代表する社会学者の諸理論を丹念に検討して、独自に「広義の社会」（「狭義の社会」もそれに含む）を対象とした綜合社会学を提唱した。社会学の学問的存在が自明視されている今日、新明の綜合社会学の提唱を肯定するにせよ、否定するにせよ、新明の社会学の学問的存在への問いは、古くてなお新しいのである。

第二に、新明は、明治以降の日本の社会学史では高田保馬や戸田貞三らとともに「第二世代」（富永健一）に属し、あるいは戦後の日本の社会学史では有賀喜左衞門や喜多野清一らとともに「第一世代」（山岡栄市）に属するとされている。このように、新明の社会学は大正・昭和期の日本社会学の発展に大いに貢献した。しかも新明はドイツ形式社会学の批判をもって社会学の研究を開始し、綜合社会学の体系を模索した。現代ドイツの社会学者のニクラス・ルーマンは新明の逝去を追悼し、「ある時代の社会学の生きた証人」と述べているが、新明の社会学は世界的にも通用する学史的な意味を持っている。新明の社会学を検討することは、一つの社会学史の研究にほかならない。

第三に、これまでも新明の社会学は検討・批判されてきたが、彼の研究の領域は広くかつ豊富で、しかも社会学的に重要な論点を含み、大きな可能性をはらんでいる。例えば、近年、ますます歴史社会学への関心が高まっているにもかかわらず、いまだ「共通の枠組」を発見し得ないのが現状であろう。新明は理論社会学の体系として「一般社会学」とともに「歴史社会学」の重要性を指摘した。今日、歴史社会学の「共通の枠組」を検討する際、未完成に終わったとはいえ、彼の「歴史社会学」の提唱は検討に値するであろう。あるいは新明は社会学の諸学説を社会思想（自由主義、社会主義、保守主義など）と関連づけ、その起源から近現代までの社会学の歴史を通観したが、今日の特定の社会学がどのような特定の社会思想と結びついているのかという問題は、社会学にとって興味深い問題を提出しているのである。

　最後に、新明が「広義の社会」を対象とし、綜合社会学を提唱したが、それは「近代」を理論的・歴史的に解明しようとする体系的な社会学をめざした。新明は「近代」の主潮である「自由主義」——より正確に言えば、「自由放任主義」——の限界を批判し、人間中心の人格的・創造的な社会学を模索したのである。ところが、J・ハーバーマス流に言えば、「近代《モデルネ》」が「未完のプロジェクト」であるように、「近代の自己認識」と「近代の超克」をめざした新明の綜合社会学とその体系化もまた「未完のプロジェクト」に止まったのである。だから、新明社会学は価値がないと言うのではない。当然、新明に代わって、彼の「未完のプロジェクト」を完成するなどと言うことはもはや不可能であるが、新明社会学が切り開いた問題を多面的に検討し、今日の社会学研究の新たな可能性を探求することになろう。

　新明社会学の今日的な問題性は、これら四点に尽きるものではない。日本の社会学の歴史において、新明社会学はその裾野の広がりとともに屹立《きつりつ》した高峰である。新明の綜合社会学とその体系化への執念が高峰と広い裾野を形成することになったが、それは社会学を学ぼうとする者、社会学を学んでいる者にとって大いに参照に値するであろう。以下では、社会学にたいする新明の態度や性格を紹介し、本書の導入としたい。

偉大な真理は……

新明は、東京都下の多磨霊園にある墓碑に「偉大な真理は批判されることを欲し／偶像化されることを望まない」と銘記している。新明自身は壮大な社会学研究において、内外の諸学説や諸理論を偶像化することもなく、徹底的に批判し、自己の学説や理論を構築しようとした。このように考えると、新明の墓碑銘は自らの学問的営為の座右の銘と言えよう。新明は日本を代表する理論社会学者として「行為関連」の立場に立って「綜合社会学」を体系化するとともに、社会学史家として社会学の諸学説を検討し、社会学通史を体系的に著述し、さらに知識社会学、政治社会学、民族社会学、都市社会学などの特殊社会学にも偉大な業績を残した。

一九六八年一月、新明は過去五〇年間の社会学研究を回顧し、社会学の学問的意義について、「社会学という学問をたんなる目前の問題を小さく処理するための技術的なものと見ないで、これを社会のなかにある広大な問題とも対決することのできる現実的、歴史的、かつ実践的な意義とも結びつくものと考えてゆくことが不可欠である……」と述べている。なぜなら、社会学をただ技術的に処理するための学問と見なすと、学問的視野は低くかつ狭く限定され、社会学そのものの生命力を見失うことになるからである。

新明はその例証として、津和野藩出身の哲学と社会学の先覚者の西周《あまね》と、同じ出身の明治の文豪森鷗外を比較している。西は、コントの社会学を「人間学《ソシオロジ》」として日本に最初に紹介したが、その後は、明治の元老の山県有朋のブレーントラストの一人となって、自己の学問を結果的には御用学問とした。森は陸軍軍医総監となっても、当時の思想や学問の分野に一見識をもって、冷静に日本の思想政策を批判した。新明によれば、学者としての西が森の見識に及ばなかったのは、彼が学問をもって権力に奉仕したことで、学問への志は決して「広くかつ高くなかった」からである（新明正道「社会学五十年の回顧」［一九六八年一月、中央大学文学部最終講義］『現代社会学の視角』所収、一九七九）。

批判的社会学の実践

もっとも新明は、自ら標榜する綜合社会学が「広義の社会」を対象としているため、自らの学問的性格が「広く、かつ高い」と言うのではない。第一次世界大戦直後、マックス・ヴェーバーは『職業としての学問』（一九一九）で、「近ごろの若い人たちは、学問がまるで実験室か統計作成室で取り扱う計算問題になってしまったかのように考えている」と嘆いたが、新明もまた社会学が単なる技術学に終始することを批判し、さらに権力に迎合する御用学問であることを拒否した。そもそも、社会学は社会の広大な問題とも対決し、「現実的、歴史的、かつ実践的な意義」をもち、しかも「人間のための、人間による人間の社会学」(新明正道)たるべきである。

新明は日本を代表する社会学者であるとともに、第一次大戦の終結から第二次大戦の終結までの戦間期に、同人誌を始め、総合雑誌、さらに全国紙・地方紙から大学新聞にいたるまで、縦横に健筆をふるって活躍した評論家でもある。一九三九(昭和一四)年二月、杉森孝次郎、清沢洌、三木清、室伏高信らによって評論家協会(のちに、日本評論家協会と改称)が設立されると、新明は仙台という地方にあって中央委員に推薦され、中堅の評論家として広く注目され、当時の若い知識層に大きな影響を与えた。新明は権力や時流に抗して、政治や思想の分野で評論やエッセーを精力的に発表した。のちに述べるように、綜合社会学の体系化を企図する社会学者としての新明と、同時代の危機と混迷を深める社会状況に警鐘乱打する評論家としての新明は、その生涯において既成の学説や思想を偶像視することなく、たえず批判的態度をもって発言し続けたのである。

古代ギリシアの哲学者で、「哲学の祖」とされるイオニア学派のタレスは、皆既日食(前五八五年五月二八日)を正確に予言したことで有名である。当時、弟子が師の教説を批判することは破門か、死刑に値する行為であったが、カール・ポパーによれば、タレスは弟子たちに自らの教説の批判を奨励した。このように、科学的研究においては批判的討議の伝統こそ重要であって、万人に思想の自由と批判の自由を認めるべきである。ポパーの「批判的合理主義」の態度が科学的真理に近づく唯一の実行可能な方法であるとすれば、思想の自由や批判の自由という相互批判の伝統と、それを保障するデモクラシーの諸制度こそ科学的客観的認識においては最も重要なのである。「偉大な真理は批判されることを欲する」という新明の学問的・思想的立場はまさにポパーが提唱する「批判的合理主義」に通じていると言えよう（ポパー［一九四五］『開かれた社会とその敵』、とくに二四章、参照）。

新明正道研究への提言

最近、秋元律郎は、戦前の日本の社会学界における新明の先導的役割を評価し、さらに綜合社会学の体系化の過程で展開された新明社会学の「論争的な性格」を指摘している。秋元によれば、新明は日本の社会学が理論と方法論を構築する過程で、あえて論争に身を投じ、積極的に内外の学説や理論と接触し、しかもそれらへの批判の手続きを繰り返していった。秋元は「自らの理論が論争的に読まれることを、なによりも新明自身の社会学が求めていたのではないか」と結んでいる（秋元律郎「新明正道の理論」新明正道・鈴木幸壽監修『現代社会学のエッセンス』改訂版、一九九六。同「新明社会学の論争性について」『新明社会学研究』第六号、一九九六)。

たしかに、新明は自らが構築した理論や思想が論争的に検討されることを期待したのであろう。それ以上に、新明社会学そのものが「偶像化」されることなく、論争的に、つまり相互批判的に検討されることも期待したのであろう。新明社会学における「論争性」を提起するだけでは十分ではなかろう。むしろ、新明社会学そのものを「神聖化」することなく、積極的に批判することこそ後学の私たちが遂行すべき課題である。イオニア学派のタレスがそうであったように、新明もまた自らの社会学が批判的に検討されることを後学の私たちに公然と奨励しているのである。

最近、北川隆吉は、新明正道はその評価を確定する上で、非常にむずかしい社会学者のひとりと述べ、さらに社会学者の学説や業績を分析する方法として「三層の構造」を提唱している。第一層としての「基層」は、個人の社会経済的な生活の側面であって、個人の「生涯」と「経歴」がそれに該当する。さらに第二層は基層と上層の「媒介層」であるが、それは社会文化的な側面としての「思想」あるいは「生き方」である。そして第三層としての「上層」は、学説、思想体系といった「論理の体系」ないし「学問体系=理論」である。北川はこの「三層の構造」によって社会学者を内在的・総体的に検討されることを提起している。本書は、北川が提唱する「三層の構造」を考慮し、内在的・総体的に評価することがむずかしいとされる新明社会学について言及する(北川隆吉

「新明正道論への『助走』――分析と評価のための試論――」『新明社会学研究』第六号、一九九六）。

新明の綜合社会学への探究は一つの日本社会学の歴史といえよう。筆者は、すでに新明正道研究の一環として『時評家　新明正道』（一九九八、時潮社）を上梓《じょうし》した。そこでは、とくに評論家としての新明像を照射し、第一・二層の「生涯」と「思想」を中心に検討し、新明社会学を内在的に検討した。本書『新明正道』は、言うまでもなく、シリーズ「日本の社会学」の一書であることから、第三層の「学問体系」を中心に社会学者としての新明像に照準を当て、しかも新明社会学が現代の社会学にいかなる意味をもつのか、その点に留意して記述することになろう。一人の人間が激動する大正・昭和期の時代を真摯《しんし》に対応し、生涯をかけて綜合社会学を探究して、日本の社会学の発展のために貢献したのである。その一端を顧みるためにも、まずは新明の生涯と彼の思想の形成に触れることになる。

筆者の新明正道研究は、これまで一〇余年に及ぶ。遅々として進捗しない研究であったが、この間、新明先生のご遺族の方々の温かいご理解とご協力を頂戴した。また、本シリーズの監修者・企画協力者の諸氏には貴重なアドバイスを頂戴した。ここに心から感謝申し上げる次第である。

二〇〇〇年四月

山本鎭雄

新明正道——綜合社会学の探究／目次

新明正道——綜合社会学の探究

第1章　人と業績・その時代

1939（昭和14）年当時

1　生い立ち

(1)我等旅びと

一八九八(明治三一)年二月二四日、新明は輿三吉《よさきち》(富山県小矢部市(現)出身、のち、中庸と改名)を父とし、かじ(旧姓、金井、新潟県出身)を母として台湾の台北市に出生した(原籍、石川県金沢市穴水町二番町四番地)。日清戦争後、台湾統治のために台湾総督府が設置され、父はその台湾総督府の役人をしていた。新明は三歳の頃から、母の郷里の新潟県に転居した。一九〇四(明治三七)年四月、新潟師範学校附属小学校に入学した。新明は小学校一年次の夏、母とともに金沢市に転居し、同市馬場尋常小学校に転校し、その後の三年次には同市長町尋常小学校に転校した。その後、父とともに満州に転居し、最初は大連小学校、ついで撫順小学校で四年次を終了し、さらに遼陽小学校に転校した。一九〇八(明治四一)年九月、新明は満州から再び金沢に戻り、五年次の二学期に同市長町小学校に転校した。新明は相次ぐ転校にもかかわらず、学業成績は優秀であり、長町小学校の卒業式では「品行方正」「成績優等」として表彰された。

新明は、のちに父を台湾、満州、朝鮮の「植民地の小役人」と述べているが、父は学力優秀な息子が将来は大学法科——現在の大学法学部——を卒業し、中等か、高等の官吏になることを期待した。そのため、父は早期英才教育を試み、小学校の五年次から雑誌『中学世界』を定期的購読させた。のちに回顧しているように、小学生の新明にとって当時の『中学世界』は「恐ろしく文学的で、難解な雑誌であった」が、熱心に愛読し、さらに徳富蘆花の『自然と人生』や金沢出身の徳田秋声の短編小説を乱読した。一九一〇（明治四三）年三月に小学校を卒業したが、父の転勤と家庭の事情により、小学校入学から卒業まで六回も転校したことになる。

その後、新明は石川県立金沢第一中学校（旧制）に入学した。新明は学友と回覧雑誌を作成した。三年次の二学期、金沢一中から朝鮮総督府京城中学校に転校し、一九一五（大正四）年三月、同校を卒業した。新明は卒業までの三年間、「仲間と喧嘩したり何かして極めて不愉快な印象ばかり受けた」と回顧している。新明は上級生の不良グループから「いじめ」を受け、孤独な学寮生活を余儀なくされた。新明は家庭の事情もあって、退寮も許されず、数名の仲間とともに近くの田園を散策したり、風景を写生して、心の寂しさを紛らわせた。

当時、植民地の中学校では、本国の中学校からの転校生は放校処分を受けたか、成績不良という何か特殊な事情があると見なされた。新明もまたそうした中学生の一人と見なされたのであろう。新明はロシアのアンドレーエフの小説『七死刑囚物語』（一九〇八）を読み、自ら囚人になった気持で、監獄の生活を題材にした短歌五首をノートに書きつけたところ、それを寮生に盗み読みされ、新明があたかも犯罪者として監獄に収容されたことがあるかのように、陰口を叩かれた。新明は陰口を叩く学友の悪意に憤激するとともに、文学への無理解にも呆れ、心の底から悲憤慷慨《ひふんこうがい》した。

新明が京城中学校で受けたトラウマ（心理的外傷）は、その後の人生において癒えることはなかったが、新明は苦しんでいる者、疎んじられている者に温かいまなざしを向け、限りない人間愛に昇華し、社会学の研究においてはつねに「人間のための、人間による人間の社会学」を目指したのである。

⑵青春の第四高等学校

新明は京城中学校を五、六番の成績で卒業したが、卒業式の直後、帰国の途につき、郷里の金沢に到着した。一九一五（大正四）年九月、金沢の第四高等学校第一部甲類（英法科）に三番の成績で入学した。旧制高校の伝統に見られるように、新明は天下を睥睨《へいげい》し、弊衣破帽《へいいはぼう》に象徴されるバンカラな青春時代を送ったのではない。むしろ、学友と文学や思想を論じ、同人雑誌を発行したり、短歌会に参加して、詠草を競った。新明はドストエフスキーの『罪と罰』、ゲーテの『ファウスト』（森鷗外訳）、トルストイの『戦争と平和』を愛読する文学青年であった。さらに家庭問題の悩みもあって、カナダ・メソジスト系の金沢白銀《しろがね》教会に熱心に通い、松岡貞一牧師の勧めで受洗した宗教青年でもあった。新明は牧師に代わり、白銀教会青年会で「キリスト教と社会」と題する講話を行っている。

新明は山崎一雄（のちに、東京都大島岡田村村長）らの学友とともに、同人誌『砂丘』を出版した。金沢以北の日本海にのぞむ砂丘は、壮大な景観を呈し、四高生にとって青春時代の精神的・文学的象徴でもあった。新明は『砂丘』に「子供の頃」という生い立ちの記のほか、父の転勤に伴い、少年時代に満州や朝鮮を渡り歩いた「我等旅びと」という創作を発表した。現在、これらの創作はすでに散逸してしまったが、日本の植民地を流浪する「旅びと」と自認したのであろうか。

新明は、クラスでは「進歩派」に属し、思想青年として成長した。新明は東京帝大法科大学の吉野作造教授が『中央公論』の誌上に発表した歴史的な名論文「憲政の本義を説いて其《その》有終の美を済《すま》すの途《みち》を論ず」（一九一六年一月号）を読み、言論の自由、普通選挙の実施、政党内閣制の実現を主張する吉野の民本主義の立場に深い感銘を受け、東京帝大への進学を決意した。その後、新明は東京帝大政治学科に入学、山崎一雄や松沢兼人らとともに本郷ＹＭＣＡに入会し、大正デモクラシーの高揚期に結成された東京帝大新人会に加入した。

(3)トルストイ的人道主義

四高在学中、新明を魅了した思想はロシアの文豪トルストイの人道主義と平和主義である。一九一六（大正五）年九月、月刊誌『トルストイ研究』が創刊されると、定期的に購読し、自らトルストイアンと自認するほど、彼の人道主義と平和主義に熱狂した。当時、新進評論家の広津和郎が『トルストイ研究』誌上に「怒れるトルストイ」を書き、チエホフと比較して、道徳や宗教を強いるトルストイの圧迫感を非難し、チエホフの方がはるかに人間的であると論じた（『トルストイ研究』二巻二・三号、一九一七年二・三月）。それにたいして、新明は「ある種のマンネリズム」と題する短文を投稿し、「トルストイの愛が事実強制を以て民衆に臨んだのは否定しないが、さればとてその心に燃えている真実まで唾棄していいものだろうか」と反論し、広津がマンネリズムの餌食にならないように警告するとともに、トルストイこそまさに「偉大な人道主義者、愛の宣伝者であった。あゝ時代を超越して愛に飛躍せし光芒灼たる大流星よ」と絶賛した（『トルストイ研究』三巻二号、一九一八）。

新明が四高の三年次に石川県小松町（現、小松市）の遊廓で、一人の青年が泥酔し、短刀で馴染みの芸妓を殺害し、さらに四人に重軽傷を負わせる五人斬《ぎり》事件が起こった。この事件は北陸地方では近年まれにみる惨劇として、衆人の関心を集め、新聞もこの事件を大々的に書きたてた。担当の検事は法廷で犯行は同情に値しない行為として「社会のために」死刑を求刑した。新明は「一生」というペンネームで地元の『北陸新聞』に長文を投稿し、トルストイ的人道主義の立場から犯人を弁護する論陣を張り、死刑廃止論を展開した。トルストイは自伝的作品『懺悔』（一八七九～八二）で述べているように、パリ滞在中にギロチンによる死刑の執行を目撃し、異常なショックを受けて、悲惨な死刑の廃止を主張している。新明は、「四囲の錯雑した事情は一個の人間を導いて犯罪に陥れる」こともあり得ると述べ、「宗教を有するものとして」、裁判官や検事にたいして「人を人として裁判せよ」と主張し、刑法上の非人間的な死刑に反対した（「小松五人斬について」『北陸新聞』一九一八年三月二四日～四月四日、九回分載）。のちに、新明は「基督《キリスト》教的人道主義の定石を全く一歩を出るものではなかった」と回顧している。

新明が四高の二年次、ロシアで世界最初の社会主義革命が起こった。新明の回顧によれば、その当時、新聞雑誌ではロシア革命が重大ニュースとして報道されたが、社会主義革命としての歴史的意義やその本質的性格は把握されていなかった。マスコミは第一次世界大戦後のヴェルサイユ条約の帰趨を大々的に報道し、国民は戦勝国として賠償金や領土の割譲に関心を向けていた。新明はロシア革命にたいしてなんら思想的な影響を受けず、また社会主義の世界史的意義について、とくに考えることもなく、ただ「口先だけで漠然と社会主義的言辞を弄《ろう》していた」のであった（「遥かなる追憶」、一九六七、『ワイマール・ドイツの回想』〔一九八四〕所収)。

親友の山崎一雄の回顧によれば、新明は四高の特待生として授業料免除の特典を受け、首席で卒業した。その後、新明と山崎は東京帝大法科大学政治学科に入学し、さらに大正デモクラシーの気運のなかで結成された東京帝大新人会に参加した。のちに、山崎は四高時代を「雌伏《しふく》せる時期」「抑圧と閑暇との時期」と言い、その後の新人会時代と比較して「飛躍的生活の準備的時期」と総括しているが、同じ文学青年、宗教青年の新明もまた四高時代の三年間は、新人会の活動のための「雌伏せる時期」であった。

2　光芒の東京帝大新人会

(1)大正デモクラシーの高揚

一九一八(大正七)年六月、新明は金沢の四高を卒業し、上京して東京帝大法科大学政治学科に入学した(当時、帝国大学は分科大学制であったが、その年の一二月、学部制に変更した。新明は東京帝大法科大学に入学したが、卒業は同法学部である)。新明は九月に再び上京し、父の勧めで金沢・前田侯の大久保別邸「敬義塾」に入寮するとともに、メソジスト派の本郷基督教会員となった。その夏、米騒動が富山県の漁村から起こり、名古屋、京都に波及し、全国の大・中都市で続発した。米騒動を弾圧した寺内正毅内閣は世論の攻撃を受けて総辞職し、原敬政友会総裁による最初の政党内閣が成立した。新明は、のちに出版した『群集社会学』（一九二九）で、関東大震災と比較して、米騒動を「我が国において近時無比の広範にわたり、大正における典型的な群集現象たるもの」と述べ、「米騒動の群衆化にはある論理があるが、震災時のそれはまったく群集的にして無論理である」と述べ、米騒動における群集のエネルギーに注目している。

当時の新聞・雑誌は一斉に寺内内閣の失政を糾弾し、米騒動についての言論と報道の自由を主張した。それにたいして、政府は攻撃の先頭に立った『大阪朝日新聞』を弾圧し、それに右翼の黒竜会・浪人会が加担した。吉野作造は「言論自由の社会的圧迫を排す」（『中央公論』一九一八年一一月号）で浪人会の暴力行為を非難した。そこから、東京・神田の南明倶楽部《クラブ》で吉野対浪人会の立会演説会が開催された。吉野は当日の日記に「定刻前に一杯になり、屋外すでに人の山をきづく辛うじて入場……十分論駁し尽して相手をして完膚《かんぷ》なからしめた積《つ》もりなり　十時過《すぎ》凱旋す／屋外同情者千数百　歩行自由ならず　警吏の助けにより辛うじて電車に飛び乗り帰る」と記している。

新明は「屋外同情者千数百」の一人として、吉野を応援した。この立会演説会を契機に、吉野は福田徳三（東京高商教授）、今井嘉幸（代議士）らの進歩的知識人とともに思想団体「黎明会」を発足させ、さらに東京帝大法科の卒業生・学生に働きかけて「世界の文化的大勢たる人類解放の新気運に協調しこれが促進に努む」として、「新人会」の結成を援助した。黎明会と新人会はともに大正デモクラシー思想の高揚と啓蒙のために相互に協力した。

米騒動では、民衆は困窮した生活の改善を自然発生的に要求し、この「群集」のエネルギーが普通選挙の実施を要求する運動に結集し、デモクラシー運動の高揚とともに、労働運動や農民運動も前進した。そして海外ではロシア十月革命が勃発し、その後、朝鮮では三・一独立運動が起こり、朝鮮全土に波及した。中国でも五・四運動が起こり、画期的な反帝国主義・反封建主義の運動として中国全土に波及した。アジアでは民族主義の運動が高揚した。日本の大正デモクラシーは世界的な民主主義や民族主義の高揚に呼応し、新人会もまたラジカル・デモクラットの集団として大正デモクラシー運動の一翼を担ったのである。

(2)政治学の社会的実践

新人会は機関誌の発行、研究叢書の刊行、大学構内での例会や演説会、学術講演会および地方講演会の開催、地方支部の組織化、労働組合への支援、雑誌『解放』（黎明会の準機関誌）の編集への協力など多種多彩な活動を行っている。新明は四高以来の親友の山崎一雄に勧誘されて参加した。

最初、新人会本部は黄興邸（現在、豊島区高田町）に設けられ、その後、駒込動坂町、本郷上富士前町に移転したが、新明は大学を卒業する直前まで本部で合宿生活を送り、有力な幹部として積極的に活動した。また官憲による度重なる発売禁止の処分に屈せず、新人会機関誌や研究叢書を刊行した。

新明の活動が「政治学の社会的実践」（田野崎昭夫）として本格化したのは、二年次の新学期（一九一九年九月）に「敬義塾」から新人会本部（黄興邸）に転居し、共同生活を開始した時期からである。創立者の一人で、卒業生会員の麻生久は新人会の新明について「今神戸で或る大学の教授をしているSという青年もやって来た。此《この》青年は金沢の出身で、其《その》家庭には何かしら暗い影があるらしく、どちらかと云《い》えば貧窮の中に勉強していたのであった。彼は熱心な勉強家で学者肌のところがあった」と書いている（『黎明』、一九二四）。さらに一学年上級の平貞蔵も新明の様子を、「四六時じゅうの不規則な生活は、寝る時間も起きる時間も各人各様で、食事時間も戦時的混乱ぶりであった。……新明は毒舌にこたえながら部厚な外国書をよんでいたが、わたしは新聞もろくによめなかった」と回想している。

東京帝大新人会は機関誌『デモクラシイ』を創刊し（一九一九年三月）、その後、『先駆』、『同胞』、『ナロオド』と改題して、通刊三二号を刊行したが、そのうち一一号が官憲によって発禁処分を受

表1　新明正道の論考・エッセーその他（新人会機関誌掲載）

新人会機関誌（創刊：1919.3.8～終刊：1922.4.1、通巻：32号、うち発売禁止：11号）
○『デモクラシイ』（創刊号：1919.3.8～終刊：1919.12.1、8号）
　新明執筆（コラムを除く、(6)＝6号、丸付数字は発表順の番号）
　　(6)宣伝　人民の方へ①／(7)詩　何といふ怯懦だ！②　帝国と民主主義③／(8)戦争平和其他④　交通労働組合の新生⑤
　　　新明：発行兼編輯人 (8)
　　　発禁：(2)(5)(7)(8)
○『先駆』（創刊：1920.2.1～終刊：1920.8.1、8月号）
　新明執筆（コラムを除く）
　　3月号　時代批判（先駆者を認めよ他）⑥／4月号　「国家社会主義」の批評⑦　詩　坑夫へ⑧／5月号　中古主義への復帰と其陥穽⑨　新しき芸術へ(?)⑩／6月号　代議政治の価値⑪　信濃路の春（宣伝旅行、分担執筆）⑫／7月号　時代批判（資本家は戦を欲す他）⑬　総てか無か⑭／8月号　訳詞　労働者よ　結束せよ（I. W. W. の歌）　赤旗⑮
　　　発禁：1920年8月号
○『同胞』（創刊：1920.10.5～終刊：1921.5.1、5月号）
　新明執筆（コラムを除く）
　　10月号　麺麭の道徳⑯／12月号　小作人の立場⑰　冬の夜話⑱／1月号　イロハがるたの話⑲／2月号　西瓜一つ⑳／3月号　組合の価値㉑　社会笑話㉒
　　　新明：発行兼編輯人　1920年12月号、1921年1月号、2月号、3月号、4月号
　　　発禁：1920年12月号、1921年4月号、5月号
○『ナロオド』（創刊：1921.7.5～終刊：1921.4.1、4月号）
　新明執筆（コラムを除く）
　　創刊号　家庭時代に於けるバクーニン㉓／9月号　軍国主義の発達㉔
　　　発禁：1921年10月号、12月号

けた。ついに、「我等の目指す行手は依然としてナロオドの中だ！民衆の中だ！」と、いわゆる「ナロオド宣言」（二二年四月）を発して、廃刊とした。コラムを含めて、新人会機関誌に執筆した回数を見ると、——判明する限りでは——赤松克麿三四回、山崎一雄三一回、新明二八回、宮崎龍介二四回であり、新明の執筆回数は新人会会員のなかでは上位を占めていることになる。

新明が新人会機関誌に最初に発表したのが「宣伝　人民の方へ」①である。新明は、社会運動の黎明期に青年の使命は何かと問い、我等は自ら民衆となければならぬと答え、民衆が歩み出し、真理は民衆にあると主張している。この文章は、新明自身の新人会会員としての本格的な活動宣言である。新明が新人会機関誌に発表したものは、論文、時評、随想、報告、詩、訳詞、寓話など多方面にわたっている。さらに「黎明会」の雑誌『解放』には「軍国主義の虚偽」や同郷の新進作家の人物評論「島田清次郎論」を発表している。

勉強家の新明の成果は、新人会機関誌に掲載した論文・評論その他を始め、新人会叢書としてプルードンの『財産とは何ぞや』（一九二一、聚英閣、発売禁止）を刊行し、その前後に、G・R・S・テーラーの『ギルド国家論』（一九二〇、大鐙閣）、K・リープクネヒトの『軍国主義論』（一九二一、三田書房）の翻訳書を精力的に刊行している。

さらに新明は卒業論文に加筆修正し、吉野作造教授が編集する「政治研究」シリーズ第五編に処女作『ソフィストの政治学的研究』（一九二一、『新明正道著作集』第七巻収録）を刊行している。吉野教授は同書の「序」で「君ほど優秀なる学生を余り多く見た事はない。……新明君の此著作に敬意を表せんと欲する」と述べ、「新明君の立場に全然同意するものではないが、なお喜んで新明君の著作を紹介」するとして、同書を刊行した。吉野教授は新明の処女作についてはアンビバレントな評価を下したが、勉強家の新明の将来を大いに期待したのである。

(3)「社会主義」の思想

新明は吉野作造教授の講筵《こうえん》に列し、親しく薫陶《くんとう》を受けただけではなく、学費を援助する篤志家への推薦など、経済的な援助も受けた。その後、新明の関西学院文学部、東北帝大法文学部への就任はいずれも吉野教授の推薦によるものであった。世間的には、吉野教授は東京帝大新人会の世話役と見なされていた。しかし、新明の回顧によれば、「吉野博士は政治的デモクラシー一点張りで魅力の乏しい嫌いはあった」し、当時の「多くの弟子は、多少なりとも博士とは異なった立場を標榜した」。そして新明自身も「社会主義に魅力を感じてこれに牽引される」につれて、吉野博士の「民主主義からも遠ざかる一方になり、面とむかって博士の立場を批判しないまでも、これをもって時代遅れと判定し、自分たちの立場を原理的にはるかにこれにまさるものと考えていた」のである。

当時、吉野の多くの弟子と同じように、新明もまた「師の影を踏むもの」であったが、生涯を通して師の影を踏み続けたのではない。晩年の新明によれば、吉野が提唱する民本主義は自由主義や社会主義を考慮し、民主主義の原理的な意義を強調したのであった。吉野の主張は、明らかに現代にも妥当し、「今後も日本のデモクラシーが発展するかぎり貴重な精神的遺産としてますます光り輝いてゆく」ものと評価している（新明正道「吉野作造先生と大正デモクラシー」、一九七八、『現代社会学の視角』所収）。

ここで、当時の新明が「社会主義」と言うのは、アナーキズム、サンジカリズム、さらにドイツ流の社会民主主義、イギリスのギルド社会主義、ロシアのボルシェヴィズムを含む、漠然とした、それと特定できない「社会主義的諸思想」であった。それは前期新人会の多くのメンバーに共通した思想的心情であろう。ただ、新明には戦争と平和、平和主義と軍国主義というもう一つの思想的関心があった。新明は四高時代に共鳴したトルストイの人道主義から脱皮し、それと特定できない「社会主義」の思想によって年来の人道主義や平和主義を基礎づけようとしたのである。こうして、新明は雑多な社会主義の諸思想を自主的あるいは他律的に研究し、その研究成果を、すでに述べた新人会機関誌や研究叢書に精力的に発表した。

新明の新人会での特筆すべき活動は、郷里の金沢での新人会支部の結成である。新人会はその当初から、青年社会運動として地方の青年・学生を支部会員として組織することにした。新明は出身地の金沢で新人会の宣伝と勧誘に努め、金沢白銀教会の青年グループにも働きかけ、金沢支部が発足した。ついで、金沢の異邦人社のグループも金沢支部に合流した。その後、金沢支部のメンバーは官憲によって弾圧されたり、アナーキストの大杉栄の「直接行動論」や「知識階級排斥論」の影響を受け、金沢支部は崩壊した。その後、金沢支部は思想的にはアナーキズムからボルシェヴィズムに転換したが、金沢における黎明期の社会運動の中核を形成した。

3　社会学者の誕生

(1)少壮気鋭の教授として

新明の父は、息子・正道が官僚を養成する大学法科に進学し、官界の道に進むことを期待した。ところが、新明自身は新人会の活動を通して、官界への道を思想的・倫理的に拒否するようになった。勉強家で学者肌の新明は、吉野教授の推薦によって神戸の関西学院に採用され、文学部教授に就任した（一九二一年四月）。関西学院で法学を担当した河上丈太郎教授（のちに、社会党委員長）は、文学部社会学科が「新明正道君を教授として迎えたことは特筆すべきことであります。同君は学生時代に既に多くの著述もあり、当時学生界の思想的最高水準にあった人であります。この人が吉野作造博士の紹介で学院に来られ、高田（保馬）氏に代って社会学の講義をせられ、社会科《ママ》の基礎を強固にせられました。同君は五年間、――東北大学の社会学の専任教授《ママ》として赴任せられるまで、学院のために尽《つく》された努力はなみなみならぬものがありました」と回顧している。

関西学院は文学部を新設したが、社会学科の専任教員は法学担当の河上丈太郎教授のみであり、スタッフの充実は緊急の課題であった。最初、学院当局は社会学科のスタッフとして政治学担当の教員を求めていた。東京帝大では政治学を専攻した新明はそれに応じたが、専任教員としての採用が具体化すると、新明に政治学のほかに社会学の講義を担当することを要請した。

新明は、社会学の講義では在学中に研究した「社会問題」や「社会思想」を扱えば良かろうと言う新人会の先輩のアドバイスもあって、社会学の講義を引き受けることにした。このように、新明にとって「社会学」とは専任教員として職務遂行上の担当科目の一つであった。ところが、新明は「教師になってからしばらくの間は勉強の方針を社会学中心とし、政治学の方を従とし、外国の書物なども八割位は社会学の本を買い込んで大いににわか勉強」を行ったと回顧しているように、ほとんど独学で社会学の研究を開始した。

新明は赴任した翌年、早くも『社会学序説』（一九二二）を出版した（本書は出版後、しばらくして発禁処分となった）。新明は「はしがき」で述べているように、本書は「社会の精確な観察録ではなく、むしろその印象記にすぎない」が、「忠実に社会の実情を表現した……社会の研究の基礎」であり、今後も「社会に対する考察を続け、印象によって感受した社会の内情を、もっと正確に研究してみたい」と述べている。当時、新明にとって社会問題や社会思想を扱う「社会の研究」がそのまま「社会学」として通用すると考えていた。本書は、マルクス主義やギルド社会主義などの社会思想を中心として、グンプロヴィッチなどのオーストリア社会学派の著作を参考にして執筆されたものである。本書は当時のオーソドックスな社会学からすると、まさに異質な社会学の著作であった。

(2)社会学研究事始《ことはじ》め

新明が関西学院に赴任する前年、広島高等師範学校の新進教授で、すでに大著『社会学原理』（一九一九）を刊行した高田保馬がこの関西学院で集中講義を行った。さらに新明が『社会学序説』を刊行した同じ年に、高田は『社会学概論』（一九二二）を刊行した。ジンメルが提唱した形式社会学が日本の社会学界に紹介され、最新の社会学理論として受容され、しかもオーソドックスな社会学理論として定着した。高田はジンメルの形式社会学の構想を受容し、社会学を法則科学として独自に体系化した。しかし、高田はジンメルのように、社会の内容と形式を方法的に分離することに反対し、しかも社会現象としての相互作用を社会の内容と見なし、社会の本質をして「人々の結びつき（あるいは結びついている人々）」と規定して、「結合社会学」を提唱した。

新明は『社会学序説』を刊行した後、高田の『社会学概論』を日本人の手になる最初の本格的な社会学書として熟読した。すでに述べたように、新明は「社会の研究」、つまり社会思想や社会問題の研究がそのまま「社会学」の研究として通用すると観念したが、高田の『社会学概論』を熟読し、初めて「社会学」の特質や固有の思考様式を学び、研究の対象を自己流の「社会学」から当時のオーソドックスな「形式社会学」へと転換した。

このように、新明は形式社会学の洗礼を高田の『社会学概論』から受け、ついで高田を介してドイツの形式社会学の研究に没頭した。五年間の関西学院の後半、新明はジンメルの「思想的な豊かさと特有な繊細な論理」に魅了され、ひとまず形式社会学を受容した。そこで、新明は「社会意識論」（関西学院紀要『商光』三号、一九二五）を発表したところ、新明は高田から「『社会意識論』をのせたる商光一部御恵送願はれましくや、当地にて入手の方法、無之間、何卒御許し下されたく候、先は御願迄」（二五年一二月付）と記された葉書を受領した。新明は高田からの葉書に驚くとともに、形式社会学の研究に自信をもち、それを続行することにした。

さらに新明は形式社会学に関係した習作的論文「社会結合の『共同』と『集合』」、「社会関係に就いて」、「行為における社会の形式性」、「社会の文化体系における地位」（上・下）などを連続的に発表した。とくに「行為における社会の形式性」は、日本社会学会が編集する専門誌『社会学雑誌』（一九号、一九二五）に掲載された。しかし、いずれも論文は完成度が高いとは言えないが、社会を行為の体系と見なし、しかも行為を内容的行為と形式的行為に分類して、両者を相互関連的に考察しようと試みている点で、のちの形式社会学批判、新明が提唱する「行為関連の立場」の萌芽と見ることができる。新明はこれら一連の形式社会学的な論文を精力的に発表した結果、一般的には政治学者というよりも新進の社会学者、とくに形式社会学の研究者として評価されるようになった。当時を回顧して、新明は「私の関西学院時代は社会学に関するかぎりでは、事実上、今の大学院学生にも似た修練時代だった」と述べている。

補遺1　高田保馬との学問的・思想的交流

新明が「先生」と敬称した恩師は、政治学の吉野作造博士であり、社会学の高田保馬博士である。高田とは直接の師弟関係はなかったが、高田の著作で社会学を学び、本格的に形式社会学の研究を開始した。新明は、関西学院から東北帝大に転任したが、関西学院に在職し続けたら、「私はあるいは学問的にも全く博士――高田博士のこと、引用者――の忠実な一弟子になっていたかもしれなかった」と回顧しているように、一時期は高田の社会学に心酔した。その後、高田の「特殊科学的」社会学や独創的な民族研究に刺激され、一方では独自に綜合社会学を体系化し、他方では反人種主義的民族理論を構築した。

新明は、高田の社会学を通して、ジンメルらの形式社会学を懸命に咀嚼《そしゃく》していた時期、雑誌『改造』の小特集「高田保馬論」(一九二四年一二月号)に「蒼白な情熱家」と題して、高田について人物批評を行っている。新明によれば、高田の「社会学的貢献が決して模倣や翻訳ではなく、社会学界一般の領域に一つの気高い高峰としてそそり立っている」と評価した。高田は社会学に「精緻を極めたるその論理」のうちに「心操の冷静とこれを裏づける熱情」を秘めている。新明によれば、「蒼白な情熱家」という高田の人物評は、その後、「読み人知らず」として流布した。

その後、新明はたびたび高田の人物批評を雑誌に寄稿しているが、とくに、XYZという匿名の人物批評は高田の「憤激」を買った。高田から見ると、新明は通俗的な「人物評論」のかたちで「学問批判」を試みているからである。新明は、高田が全体社会の趨勢を共同社会から利益社会化、つまり共同社会の衰退によって国民社会の団結が弛緩し、利益社会が優勢となることを強調した。ところが、高田は「国民皆貧論」「貧者必勝論」を説き、国民の団結の強化を主張した。新明は、高田の貧乏論は「進化的なものから逆行的なもの」に変化し、「人類主義から民族主義への転向」に由来し、高田の形式社会学の提唱が「社会幾何学の夢」に終わり、そのことは「ドン・キホーテ的な楽観主義」を意味すると批判した。

高田は、民族の不平等や白色人種の支配にたいして、自民族の自衛を説き、民族の前途を憂慮することは世界主義者の当然の帰結であって、民族自衛を講ぜず、世界をあげて強者の圧迫に屈するならば、それは敗北主義に他ならないと反論した。高田は『民族の理論』(一九三五)で、新明の批判に「一時若干の動揺を経験した」と率直に告白しているが、その後の独特の民族理論では、文字通り「日本民族の特殊なる性質、神国日本の永遠性、我民族伝統の神聖性」を確信し、世界主義者から本格的に「民族主義者」へと転身した。

新明もまた、高田の民族研究に刺激され、ナチズム批判の人種研究から『民族社会学の構想』（一九四二）を出版して、民族自決主義の意義を明らかにし、民族の対立と拡張をもたらす「拡張的民族主義」を批判した。日中戦争下、高田は『東亜民族論』（一九三九）で広民族主義の立場から東アジア諸民族の同文同種的な紐帯を重視し、「民族の自衛」と「東亜の解放」を主張した。そして新明もまた『東亜協同体の理想』（一九三九）で「東亜的連帯と民族主義を生かした実践」による「東亜的な互助連環の組織の結成」を主張したように、基本的には新明の時局的認識は高田の主張と大差はない。ところが、高田と新明の社会学理論をめぐる立場は対立することはあっても、接近するものではなかった。そのことは、戦後になって両者を含めて、『社会学評論』（一九五一年四号）の誌上討論で明らかになる。

(3)反権力の思想と行動

関西学院の五年間、新明は社会学や政治学の研究だけに没頭していたのではなく、神戸を中心に少壮の教育者として、また時評家として、多方面に活躍した。当時の激動する社会状況を反映し、社会問題や社会思想に関心をもつ学生が関西学院文学部社会学科に入学したが、彼ら学生には新明の『社会学序説』に結実する「社会学」の講義は好評であった。また社会学科の学生は、研究団体「社会学会」を発足させ、最初の活動として公開講演会を企画した。新明の斡旋で雑誌『我等』を舞台にして、中央の論壇で活躍している長谷川如是閑と大山郁夫を講師に招き、公開講演会を実施した。それが予想外の盛況であったことから、学生たちは少壮教授の新明にたいする信頼をますます深めることになった。

新人会出身者のうち、蠟山政道、三輪壽壮、平貞藏、嘉治隆一などの「研究派」グループは社会思想社を結成し、さらに「新しい社会の実現」と「社会運動への貢献」を目指して、月刊同人誌『社会思想』（一九二二年四月、創刊。二九年一二月、休刊）を発刊した。新明は創立当初からの同人として「ギルド社会主義の近勢」「社会学派概説」「政治進化の悲観と楽観」「レーニンの国家論紹介」「社会運動の定型」などの政治思想や政治評論に関する論考を連続的に発表している。さらに長谷川如是閑、大山郁夫らが雑誌『我等』（創刊、一九一九年二月、のちに『社会思想』と合併し、『批判』と改題）を発行した。新明は創刊時から熱心な読者となり、のちには寄稿者としてギンスバーク著「総体意志の概念」（翻訳）「権力の社会学的考察」「社会学の起源」「群集論における無意識」などの政治社会学に関する論考を発表した。

補遺2　京都学連事件と新明正道の東北帝大赴任

一九二五年四月、陸軍現役将校学校配置令が公布され、全国の中等学校以上の学校では、配属された陸軍の現役将校が軍事教練を指導した。すでに前年の秋ごろから、全国の大学・高専の学生社会科学連合会（学連）は学校の軍事教練にたいして激しい反対運動を組織した。文部省当局は学生の軍教反対運動にたいして弾圧を強化した。一九二六年一月、治安維持法を初めて適用した京都学連事件が起こり、三八名の学生（中途退学者と卒業生を含む）が起訴された。その余波を受けて、京都帝大の河上肇、同志社大の山本宣治とともに、関西学院では河上丈太郎、松沢兼人のほか、新明もまた家宅捜査された。

東北帝国大学に法文学部が設置され、三年後の一九二五（大正一四）年七月、社会学講座が開設された。すでに社会学講座の教授として、ドイツ現象学派の第一人者と目されていたケルン大学正教授のマックス・シェーラーに白羽の矢が立てられて、同教授も赴任する意向を示していた。ところが、シェーラーはフランクフルト大学に任命されたため、この計画は実現しなかった。そこで、新明は吉野作造教授の推薦によって東北帝大の社会学講座を分担する助教授として招聘された（一九二六年四月）。

当時の文部大臣の岡田良平は、学生の左傾思想の取締り強化を通達した。岡田文相はいわゆる「赤化教授」と「急進学生」の動向を警戒し、大学・高校の教員人事を監視し、ブラック・リストを携帯していたと言われている。新明は「赤化教授」ではないが、東京帝大新人会の活動以降、つねに警察からはマークされ、京都学連事件では家宅を捜査されたように、岡田文相のリストに記名された一人であっても不思議ではない。文部省が新明の招聘人事に介入すれば、東北帝大法文学部の招聘も困難が伴ったであろう。同法文学部教授会は新明の招聘人事を決定した。そのとき、岡田文相は満州・朝鮮の視察中であった。岡田文相は、帰国直後に新明の人事報告を聞き、切歯扼腕《せっしやくわん》したが、もはや後の祭であった。かつてマックス・ヴェーバーは『職業としての学問』（一九一九）で、大学で教鞭をとる者の人事は「すべて僥倖《ぎょうこう》の支配下にある」と述べているが、新明の招聘人事もその例外ではない。

4　社会学者の生涯

(1)一つの日本の社会学史

一九二六（大正一五）年四月、新明は東北帝大法文学部に招聘され、助教授として社会学講座を分担した。その後、二年間のドイツ留学から帰国して、一九三一（昭和六年）九月に教授に昇任した。新明は戦後初期の公職追放の五年間を除いて、ほぼ三〇年間の長きにわたり、東北大学法文学部（のちに、文学部）を舞台にして、社会学の研究と教育に専念した。もっとも、新明は公職追放中も自宅に「社会学研究所」の看板を掲げ、向学心に富む学生のために「社会学史」の講義を実施したり、さらに農村の民主化のために世論調査を実施した。

一九六一（昭和三六）年三月、東北大学を定年退職後、大学院担当の専任教授として明治学院大学、中央大学、立正大学、創価大学で教鞭をとった。その間、東北社会学会会長、東北都市学会会長、日本社会学会会長、日本社会学史学会会長、日本社会学会から推薦されて日本学術会議会員（二期、六年）、さらに社会学者として初めて日本学士院会員に選出された。新明はこれらの重責を担って、日本の社会学の発展のために貢献し、現役の社会学者として惜しまれて急逝した。社会学者としての新明の生涯は近代社会学の形成と発展に貢献した一つの日本の社会学史そのものと言えよう。

新明は晩年になっても研究と著述への意欲を燃やし、ドイツ留学時代（二九年三月〜三一年五月）の「日記」を浄書して、公表することを意図した。この時期、世界大恐慌が勃発し、ヨーロッパは「ファシズム体制の第二期」の前夜であった。最初、新明はドイツのケルンに滞在した日記を「ケルン大伽藍の空のもとで」（一九八三）と題して発表し、「ケルン日記」の追録でベルリンに滞在した日記を「ベルリン大学内外」として、さらにフランクフルトに滞在した日記を「フランクフルト大学内外」として収録し、『ワイマール・ドイツの回想』として上梓することを予告した。一九八四（昭和五九）年八月二〇日、新明自身が急逝したため、刊行計画は実現しなかったが、没後、ご遺族の手で同名の遺著が刊行された。同書を編集した家永登氏によれば、新明の絶筆は「ベルリンはなおワイマール文化の真盛り」"Berlin war doch noch in vollem Blüten der Weimar Kultur" であった。

遺著『ワイマール・ドイツの回想』の刊行後、新明の自宅で大学ノートに記した留学日記「伯林《ベルリン》到着まで」「伯林日記第一・第二・第三」などが発見された。その後、「フランクフルト大学内外」を除き、新明が記した全日記を収録し、新明正道著『ドイツ留学日記』（山本鎮雄編集・家永美夜子校閲、一九九七、時潮社）と題して刊行された。新明の留学日記は彼の「鋭く透徹した観察眼」によって、「未だ消え去ろうとしない過去を今に伝える」貴重な記録として評価された（平井正、週刊『読書人』一九九七年六月二七日）。そして新明にとって二年間のドイツ留学は、帰国後の社会学の研究や政治評論に決定的な影響を与えている。

補遺3　新明の俳句と俳論の世界

すでに述べたように、新明は専門の社会学者として教育と研究に貢献しただけではなく、評論家としてその時々の政治的・思想的課題について積極的に発言し、しかも、ときに好んで俳句や短歌を作り、その時々の叙情や叙景を詠った文人でもある。新明が作句した千句から三〇〇句弱を選び、句集『パーソンズ読みながら梅の実を囓る』（私家版、編集・岡野等、発行・家永美夜子、二〇〇〇）が刊行されている。以下では、俳句を紹介しながら、その俳句に託した新明の心情と境遇、新明の俳論について述べる。

ドイツ留学からの帰路、新明はヨーロッパ各地を旅行し、しばらくパリに滞在した。パリ滞在の記録は『ドイツ留学日記』の「ヨーロッパを旅して」に詳しい。その時に作られた俳句に添えて、脳裏に焼きついたセーヌ河の風景を色紙に水彩で描かれている。この色紙はまさに文人・新明を彷彿《ほうふつ》させる。

ミモザ咲く　石段は白く　滑らかに　　北車

一旅行者の目に黄色に咲くミモザの小花が白い石段に鮮やかに映えたのであろう。絵は遊覧船から眺めたのであろうか。近景には満々と水を湛《たた》えたセーヌ河が、中景にはパリの左岸と右岸を架橋する橋が、そして遠景には対岸の森とノートルダム大聖堂と尖塔が描かれている。私事にわたるが、筆者の結婚に際し、この色紙を頂戴し、書斎の一隅に掲げてある。

第二次大戦が終了した秋、新明は戦地や兵舎から復学した学生たちにつぎに述べる色紙を贈っている。

紅葉《もみじ》する　山河声なし　敗れたる　　吾亦紅

仙台の広瀬川の対岸や青葉山の紅葉を眺望したのであろうか。「杜の都」と言われた仙台市街も、アメリカ空軍の焼夷弾爆撃によって一夜にして一面の焼土と化し、大量の死傷者が出た。新明の自宅の花壇川前丁に近い、陸軍第二師団の川内駐屯地も仙台大空襲によって全焼した。この俳句は杜甫の春望「国破れて山河あり」を踏まえたものであろう。仙台市街は灰燼《かいじん》に帰したが、周囲の山野は再び晩秋の紅葉を再現した。静まり返った青葉山や広瀬川を眺望し、総力戦で戦った戦争に「敗れた」ことをしみじみと実感したのであろう。

日本は無謀な戦争に敗れ、無条件降伏した。戦後、ＧＨＱ（連合軍総司令部）は民主化と非軍国主義化の占領政策を進めた。新明は日本の民主的再建のために、自らの信念にしたがって教壇と論壇で貢献することを決意したに違いない。ところが、新明はＧＨＱが占領政策の一環として指令した教職追放と公職追放によって、東北大学の教壇を去ることを余儀なくされた。その時の心境を詠ったのがつぎの一句である。

首一つ　コロリと落ちて　今朝の秋

新明は、戦後の四六年正月のラジオ放送で、大日本言論報国会などの国家主義団体の役職者はすべて公職から追放されると聞いた。そこで、新明は東北大学の高橋里実法文学部長に辞表を提出したが、慰留された。しかし法文学部の大学教員資格審査委員会は「教員不適格者」と判定し、大学総長を経由して文部省に報告された。その後、東北大学総長となった高橋里実は文部省に新明の「再詮議」を要請したが、実現しなかった。新明は戦時下の思想的な戦争責任を毅然《きぜん》と引き受ける決意をもって、教職追放を受け入れ、その心境を軽快かつ諧謔《かいぎゃく》に俳句に託してこのように表現したのであろう。

新明は若い頃には短歌も作ったが、短歌はあまり上達せず、むしろ俳句は感覚的に好きだったと、語っている。なぜなら、短歌の叙情的な表現よりも、俳句の叙景的な表現を好んだからである。そもそも、新明は執念をもって綜合社会学の確立と体系化を生涯の課題とした。社会学は社会の形式と内容を総合すべき綜合社会学だからである。そして文人の新明は俳句の本質として表現の形式と内容の総合に言及している。

新明は、M・ヴェーバーが指摘した思想の「表現意欲」と「表現技法」に即して、俳句への表現意欲と定型的表現技法（五・七・五）について論じている。新明によれば、俳句は「定型そのものが俳句の主体なのではなく、俳句が定型の主体である」。とは言え、「定型が具体的な文学的な意志によって支えられている以上、それは死んだ形骸ではない」と指摘している。しかし「俳句の定型を考えるにしても、これを総合的な俳句的な生命の発展のなかで考えるのではなくてはならぬ」。なぜなら、俳句的な生命は主体的に表現する内容即《そく》形式として、「形式的なものを克服した綜合的な社会の概念によってのみ社会の生命力を捉《つか》んでゆくことが出来ると考える」からにほかならない（新明正道「戦争俳句其他」『戦艦』、一九三九年一月号。傍点、引用者）。

このように、文人の新明は並々《なみなみ》ならぬ情熱をもって俳句を作り、また社会学者の新明は並々ならぬ情熱を傾けて綜合社会学の確立とその応用を追求したのである。

⑵在野の社会学者として

新明は、東北帝大法文学部助教授として社会学の研究を本格的に開始し、弱冠三三歳で教授となり、戦後の一時期を除いて、定年まで社会学講座の主任教授をつとめた。戦後、新明は教職追放令により教職不適格として教壇を去ることを余儀なくされた。占領下、ＧＨＱ（連合国総司令部）は大日本言論報国会その他を国家主義的団体と指定し、これらの団体の役職者は公職追放に該当すると指令した。戦時下、新明は大熊信行の斡旋で言論報国会の理事に就任した。それ以前、新明は日本評論家協会の中央委員であったが、加田哲二や市川房江らとともに、理事として言論報国会の「看板」に利用された。新明は最初の言論報国会理事会で三木清などの当時の代表的な評論家を結集するように提案したが、新明の提案は斉藤忠（専務理事）、野村重臣（常務理事）など、多数派の有名・無名の新日本世紀社系の言論右翼の理事によって黙殺された。そのため、新明は理事会をボイコットしただけではなく、地元の言論報国会仙台支部の結成に反対した。

戦後初期、文部省は絶対的な権力をもつＧＨＱの意向に従わざるを得なかったし、戦争遂行に協力した東北帝国大学もまた、その存続のために、スケープ・ゴートとして若干名の教職追放者を必要としたのであろう。文部省・各都道府県・各大学はＧＨＱの指令にしたがい、教職員適格審査委員会を設置し、すべての教職員の審査にあたった。『東北大学五十年史』（一九六〇）によれば、法文学部教授の新明その他数名の「教職不適格」の判定について、「各大学にある数の割当があったから、何人かは追放せざるを得ない。やむなく指定団体の役員にされていたというような形式上で判定する」ほかなかったと述べている。すでに述べたように、新明は、ＧＨＱによって「国家主義」と指定された言論報国会の理事であった。

こうして、新明は「教職不適格」と判定され、さらに公職追放令Ｇ項の該当者［その他の軍国主義者および極端な国家主義者］として公職も追放された。もっとも、公職追放令が公式に指令される直前になって、新たにＧ項が追加され、そのことによって公職追放者の範囲と規模も広がり、Ｇ項の解釈次第で任意に公職を追放されることが可能になったと言われている。各界の旧指導層は「好ましからざる人物として公職から除去および排除」されたのである。こうして、新明もまた教職罷免に続き、一切の公職からも追放された。はたして、新明はG項三号で言う「言論、著作もしくは行動により、好戦的国家主義並びに積極的主唱者たることを示したもの」と言えるのであろうか。

新明が教職追放・公職追放によって東北大学の教壇を去ると、文学部社会学科の同窓生・学生を中心に新明の「いわれなき追放」にたいして、追放解除の運動が起った。彼らは追放解除の嘆願書を作成し、また署名運動をして、GHQ、公職適格審査委員会、文部省その他に陳情し、再審査を要請した。彼らの熱心な運動や陳情にもかかわらず、新明の早期解除は実現しなかった。彼らの追放解除運動のエネルギーは、新明が自由に執筆できる雑誌『社会学研究』（東北社会学研究会）の発刊に向けられた。一九五〇年七月、『社会学研究』は新明を事実上の編集者に、「我々と同じく研究への志と情熱とを抱き乍《なが》ら、むなしくそのいのちを散らされなければならなかった社会学徒の多きを憶《おも》う時、我々残された者の在り方に対し深き反省が要請される」として創刊された。新明は社会学の論文を自由に執筆するとともに、『社会学研究』は若き社会学者の登竜門となった。

東北大学の教壇を去った新明は在野の社会学者として、すでに触れたように、「社会学研究所」を設立した。研究所の活動として、戦後の社会事象を正確に把握し、その知識の普及を目指して、社会学の研究と調査を実施するとともに、民主日本の再建のために、国民を道義的・知識的に啓蒙することであった。ところが、官憲は新明宅の「社会学研究所」の看板の撤去を要求したが、社会学研究所の設立記念講演会や時局講演会までも禁止しなかった。

また新明は時評家として戦後日本の民主化のために、地元の新聞『河北新報』の編集委員として同紙の「論説」に健筆を揮《ふる》った。さらに『デモクラシー概論』（一九四六）、『国民性の改造』（一九四八）を刊行し、戦後の民主化が単に「制度の改革」に終始することなく、「精神の改革」、つまり国民性の民主的改造の重要性を主張した。国民は「自由主義」「個人主義」を基調とするGHQの民主化政策の限界を認識し、「大衆的な社会主義はまさに一面的な自由主義を克服すべく現れ来たものであって、これは自由主義の唱道した自由主義的な基本権を歴史的な遺産として相続し、経済的平等の達成を目標とすることによって、民主主義の徹底を期そうとするもの」として、大衆に開かれた「社会的民主主義」への支持を強調した。

新明が東京帝大新人会の時代から交流し、同じ時期にベルリンに留学し、ともに言論報国会の理事に就任した大熊信行は、戦後になって、戦時下の言論指導者としての自らの戦争責任を明らかにすることなしに、何も書くまいと決意した。そこで、大熊が最初に執筆した「告白」の序章で、「われわれ自身、……自己内省の問題をわれわれはうちにもつはずで、さういう問題にふれないで、いはゞ戦時中の延長のようにして、戦後政策論をすゝめても仕方がない」と述べている（大熊信行「告白」序章、一九四七、『戦中戦後の精神史』所収、一九七九)。戦後初期、新明が提唱した大衆デモクラシー論や「国民性の改造」論は、決して「戦時中の延長」ではなく、それ以前の、大正デモクラシーの時代に抱いた政治思想の戦後的な展開として概括することができる。しかし、新明は思想上の「自己内省の問題」を語ることなく、いわば「戦後政策論」を展開したのである。

一九五〇(昭和二五)年一〇月、新明は「再審査」の結果、公職追放を解除され、さらに教職追放の解除が日程に上ると、どの大学に復帰するかが注目された。広島大学の森戸辰男学長は新明に同大学の政経学部長の就任を打診し、社会学講座の新設を提案した。さらに郷里の金沢大学学長への招聘の打診もあった。五一年一一月、新明は『河北新報』紙上で「私のため解除の運動を懸命にしてくれた学校当局や学生達のため、早く学校に帰って報いたい」と語って、東北大学文学部の社会学教授に復帰した。この五年間、新明は社会学者として著書や学術論文を精力的に発表したが、戦時下とは異なり、総じて評論家として政治評論や思想評論の発表には慎重であった。

新明は、五年間の公職追放は「社会学の研究にはかなりのマイナスが生じた」と、のちに回顧している。東北大学の教壇に復帰したとは言え、社会学の研究のために「追放の空白を克服するのに相当の努力を必要とした」のである。戦後、社会学研究の潮流はドイツからアメリカに移行し、とくにT・パーソンズ、R・マートン、ホーマンズなどの社会学理論の研究が焦眉の課題となった。

しかも新明は文学部社会学研究室を動員して、経験的な社会調査を企画・指導したこともあって、ライフワークとした綜合社会学の構想を掘り下げる余裕もなかった。しかし、新明の「相当の努力」は、早くからパーソンズの社会学理論の解明に向けられ、のちに『社会学的機能主義』（一九六七）や『社会学における行為理論』（一九七四）、『タルコット・パーソンズ』（一九八二）によって、パーソンズの行為理論や構造＝機能主義の限界や問題点を明らかにするとともに、戦時下に確立した「行為関連」の立場を総点検し、綜合社会学の体系化を目指した。

(3)膨大な著作と論文

新明は天性の文筆家である。八六年の生涯で七〇冊以上の著書・編著・訳書を刊行し、学術論文だけでも二〇〇編を越え、そのほか総合雑誌から同人誌、中央紙・地方紙、さらに大学新聞などに発表した評論・随想その他は優に二五〇編を越えている。一九七五（昭和五〇）年六月、新明の喜寿祝賀会が開催され、記念事業の一環として、新明の著作集の刊行が計画された。翌年九月に刊行を開始し、没後九年にして、『新明正道著作集』（全一〇巻、一九七六～九三、誠信書房）が完結した。著作集は「理論（社会学）」（三巻）、「社会学史」（二巻）のほか、「知識社会学」「政治社会学」「民族社会学」「群集社会学」「地域社会学」（各一巻）によって構成され、各巻に自ら「序言」を執筆するとどもに、「教え子」たちの「解説」を掲載した。もっとも、著作集が計画された当初は「随想・評論」（一巻）を収録することが検討されたが、企画の段階で断念された。さらに『著作集』の別巻として『社会学辞典』（一九四四）の一部を出版することになっていたが、出版社の事情で刊行されなかった。

当然、新明の業績は社会学の分野に集中しているが、それに留まらず、政治評論や思想・文化評論、さらに文芸評論の分野にも及んでいる。新明が『社会学の基本問題』（一九三九）や『社会本質論』（一九四二）を出版し、新明社会学を確立した時期、例えば、一九三九年の一年間に発表した評論・随筆は二〇編を越え、その翌年は四〇編を越えている。これらの時期と前後して、政治評論集として『東亜協同体の理想』（一九三九）と『政治の理論』（一九四一）を刊行し、さらに思想・文化評論集として『文化の課題』（一九三八）と『思想への欲求』（一九四一）を刊行している。新明の評論・随筆はいずれも「社会学者」という肩書きで発表されているが、当時は一般には「革新派」の評論家としても著名であった。当時、東京文理科大学の社会学専攻の学生・山岡栄市は新明の評論について「当時の若い知識層――社会学研究者をふくめて――に与えた影響には測り知れないものがある」と述べている（山岡栄市『人脈社会学――戦後日本社会学史――』、一九八三）。

もっとも、「社会学者としての新明」と「評論家としての新明」というように、二人の新明が別個に存在するのではない。一方の極には社会学者としての新明、つまり「広義の社会」（「狭義の社会」を含む）を対象として綜合社会学を探究する理論社会学者、社会学史家の新明（A）と、もう一方の極にはますます混迷する社会状況、危機に直面する政治状況にたいして、それを告発し、警鐘乱打する評論家としての新明（B）が存在する。そして両者の重複する研究領域が知識社会学、政治社会学、民族社会学、都市社会学などの特殊社会学の領域であって、新明はこれらの特殊社会学にたいして一定のテーマによって系統的・体系的に研究した（C）。

ちなみに、新明の政治社会学や民族社会学はイタリア・ファシズムのイデオロギー（協同体国家）やドイツ・ナチズムのイデオロギー（人種主義的排外主義）について論評した政治評論や思想評論と無関係ではない。新明の時局的な政治評論や思想評論のなかから、政治社会学や民族社会学の系統的かつ総体的な研究として結実する。したがって、新明正道研究という場合、綜合社会学を探究する理論社会学者としての新明（A）、政治評論や思想評論に縦横に健筆を揮う評論家としての新明（B）、さらに政治社会学や民族社会学などの特殊社会学の領域で事例的・体系的に解明しようとする新明（C）を相即的・複合的に解明することが不可欠である。

すでに述べたように、筆者は「評論家としての新明」を中心にして、『時評家　新明正道』（一九九八、時潮社）を刊行した。本書は「異色な、しかし正統な学史研究である」が、「たんなる新明研究というよりも、多くの示唆と問題性に富んだひとつの学史研究」（秋元律郎）と評価された。つまり、新明の綜合社会学の形成やその特徴をそれ自体として考察するのではなく、いわば「社会学（者）の社会学」として新明の綜合社会学の独自性を解明しようとしたのである。もっとも、本書はシリーズ『日本の社会学』の一書であるため、「社会学者としての新明」（A・C）を中心に記述しながら、単に社会学者にとどまらない「評論家としての新明」（B）に配慮し、ひとつの日本の社会学史を明らかにしたい。

1923（大正12）年7月、綾夫人と結婚

第2章　綜合社会学の探究

1931(昭和6)年2月、ドイツ留学後パリ滞在
ノートルダム寺院にて

1　新明社会学への道

(1) 社会学の研究史

吉野作造教授のもとで政治学や政治思想史を学ぶ政治学徒であった新明は、関西学院文学部の専任教授に招聘された。関西学院当局は、新明に政治学とともに、社会学の講義を要請した。新明は大学では建部遯吾の社会学の講義を受講したこともなかったが、ともかく社会学の講義を担当することにした。新明は社会学の講義のために、政治学よりも社会学の研究に専念し、その講義をもとに『社会学序説』（一九二二）を刊行した。ところが、本書はあくまでも「社会の研究」「社会の印象記」としての「社会学序説」であって、当時のオーソドックスな社会学の序説的研究とは言えない。

この『社会学序説』の刊行直後、新明は高田保馬の『社会学概論』（一九二二）を熟読して、社会学は単なる「社会問題」や「社会思想」を考察する「社会の研究」ではなく、「社会の科学」として「固有の対象」と「固有な方法」をもつことを理解し、オーソドックスな社会学、当時にあってはドイツ形式社会学の研究を本格的に開始した。そこで、新明は社会学研究のいわば「修練時代」を送り、形式社会学を基準にした論文を『社会学雑誌』や『社会政策時報』に精力的に発表した。その結果、新明は、若手の形式社会学の研究者と認められるようになり、再び吉野教授の推薦によって、東北帝大法文学部社会学講座の助教授に就任し、社会学の研究を専念した。ここに職業的社会学者の新明正道が誕生した。しかし、ほとんど独自に綜合社会学を探究する新明の道は、決して平坦ではなかった。

新明は生涯を通して「行為関連」の立場から理論的に基礎づけ、綜合社会学を体系化した。新明自身は社会学の理論と学説の研究を中心に、五十年間の研究史を回顧し、つぎのように三つの段階を設定している（「社会学五十年の回顧」一九六八、『現代社会学の視角』所収、一九七九）。

第一期（一九二六〜三一年）は、東北帝大法文学部助教授として社会学講座を分担し、特殊講義のテーマとして「形式社会学」を選び、その講義録をもとに、『形式社会学論』（一九二八）を刊行し、形式社会学の内在的批判を試みた。さらにジンメルが提起した社会学体系のうち、「一般社会学」に注目し、綜合社会学への可能性を模索し、『社会学』（一九二九、岩波書店版）を刊行した前期と、世界恐慌下の二年間、ドイツ・ヴァイマル共和国末期に留学し、激動するヨーロッパの危機的政治状況を継続的に論評した「欧州通信」を発信した後期に大別することができる。

第二期（一九三一〜三八年）は、ドイツ留学から帰国した直後に始まる。K・マンハイムの研究に触発され、最新の知識社会学やイデオロギー論を研究し、『知識社会学の諸相』（一九三二）、『イデオロギーの系譜学　第一部』（一九三三）を刊行した。ドイツ留学中、新明はドイツ文化社会学やマルクス主義の思潮に感化され、形式社会学の構想を完全に放棄した。新明は綜合社会学の体系化を目指して、『社会学序講』（一九三二）とその改訂版『社会学要講』（一九三五）を刊行した。さらにドイツ・ナチズムの台頭を目撃した新明は、ファシズムのイデオロギー、その社会観や国家観と、ファシズムに関連した思想体系として、パレート社会学の基礎理論やニーチェ哲学を社会学的に考察し、『ファッシズムの社会観』（一九三六）として刊行した。

第三期（一九三八〜四五年）は、「行為関連の立場」を提唱し、綜合社会学の体系化をめざして、『社会学の基礎問題』（一九三九）を刊行した。その後、新明は行為関連の立場を強化し、人間の行為を主体的意味的に基礎づけ、行為をその意味によって分類して、その相互関係を明らかにするとともに、集団の複合的統一体として全体的な綜合社会の成立を示唆した『社会本質論』（一九四二）を刊行した。さらに日本で最初に、綜合社会学の立場に立脚した体系的な『社会学辞典』（一九四四）を編集・執筆した。上記の三書によって、新明は綜合社会学の端緒を確定し、その構想と体系を確立した。それらの研究と並行して、民族社会学の研究、『人種と社会』（一九四〇）や『民族社会学の構想』（一九四二）を刊行し、ナチズムの人種主義的排外主義や自民族中心主義を批判した。

新明自身は言及していないが、第一期以前に東京帝大の卒業後、関西学院教授に就任し、政治学とともに社会学を担当し、その講義をもとにして、『社会学序説』（一九二二）を刊行した前期と、ジ

表2　新明の社会学研究史と主要著書

	理論社会学	特殊社会学	社会学(学説)史	評論・その他
前　史(一九二一~二六)	社会学序説	権力と社会	「社会学史」(注1)	ソフィストの政治学的研究
第一期(一九二六~三一)	社会学(岩波版)	群集社会学	形式社会学論 独逸社会学	欧州の危機
第二期(一九三一~三八)	社会学序講 社会学要講	知識社会学の諸相 イデオロギーの系譜学 ファッシズムの社会観	国民革命の社会学 オーギュスト・コント ゲマインシャフト	文化の課題
第三期(一九三八~四五)	社会学の基礎問題 社会本質論	人種と社会 民族社会学の構想		東亜協同体の理想 思想への欲求 政治の理論 社会と青年
	社会学辞典			
第四期(一九四五~八四)	社会学の立場 綜合社会学の構想 現代社会学の視角 社会学における行為理論	史的民族論	社会学の発端 社会学史 社会学史概説 社会学的機能主義 タルコット・パーソンズ	デモクラシー概論 国民性の改造 民主社会における指導性 ワイマール・ドイツの回想 ドイツ留学日記(一九九七)
	新明正道著作集(全一〇巻)(注2)			

(注1)「社会学史」(1~7)『社会問題講座』(一九二六年三月~九月)、新潮社。
(注2)『新明正道著作集』は一九九三年に完結した。

ンメルらのドイツ形式社会学の研究を開始し、その豊かな発想と論理に魅了され、形式社会学の研究に没頭した後期に大別することができる。これら前・後期を新明の社会学研究史の「前史」ないし「準備期」と設定することができよう。

さらに第二次大戦後、研究史の第四期を設定することができる。この時期は『社会学の立場』（一九四九）、『社会学的機能主義』（一九六七）、『綜合社会学の構想』（一九六八）、『社会学における行為理論』（一九七四）を刊行し、綜合社会学の完成に向け、理論的学説史的に補強し、強化した。この時期、特殊社会学では地域・都市社会学の分野に進出し、「全体としての都市」を認識するために、「自然都市」にたいして「行政都市」の社会学的意義を提起した。さらに『新明正道著作集』（全一〇巻）を刊行し、新明社会学を集大成した。

(2)形式社会学の批判

すでに述べたように、一九二六（大正一五年）四月、新明は東北帝大法文学部助教授として社会学講座を分担した。そのことは、新明にとって社会学の研究に専念できる外的条件が整っただけではなく、独自の社会学理論を構築し、固有の学風を築き、日本の社会学界の一角を担うという使命感を自覚したに違いない。しかも政治学から社会学へと転身する新明にとって、「何のための社会学か」という思想的・実践的な疑問はたえず脳裏を去来したであろう。新明は当時、最新のドイツ形式社会学と対決したが、すでに主観的には非実践的・没歴史的な形式社会学にたいして批判的であった。

こうして、新明はドイツ形式社会学の研究に着手し、二年間の講義録をもとに刊行したのが大部の『形式社会学論』（一九二八）である。当初、新明は当時のドイツで隆盛を極めたジンメル、フォン・ヴィーゼ、フィーアカントらの形式社会学の理論的特徴を内在的・総体的に理解することを主眼としたが、形式社会学を克明に検討するにつれて、根本的な疑問が生じるようになった。とはいえ、新明は形式社会学が経験科学として社会学の「原理」を提出した点で、きわめて画期的な意義をもち、またコントやスペンサーの総合社会学とは異なり、新しい視角から「社会」を経験的に分析し、人間関係や社会過程を社会学の固有な対象に設定したことを高く評価した。

しかし、新明は『形式社会学論』の最後の第五章を「形式社会学への批判」にあて、その方法論、社会概念、主要理論、学問的組織について内在的に批判した。晩年のジンメルは広義の社会学の構成として、「一般社会学」「形式社会学」「哲学的社会学」の三部門とした。新明は諸個人の相互作用の結果として現われる「人間存在の全領域」を考察する「一般社会学」に注目した。ところが、ジンメル以降のドイツの形式社会学者には、「一般社会学」を発展させる積極的な研究は認められず、ただ純粋に形式社会学を主題として、その内部体系を精緻化することに専念した。そのために、新明は「形式社会学はほとんど全く機能的な見解に没頭していて、何ら実在的本質の関連を説いていない点で、われわれの非難を免れ得ない」と批判した。

こうして新明は「広義の社会」を対象とする「一般社会学」に注目し、形式社会学の見地から「社会の内容的側面の考察をも包括した」綜合社会学が成立する可能性に期待し、「社会学の組織において狭義の形式としての社会の要素のほかに、これと結合した社会生活の内容的な全現象の関連をも考察していかなければならない。……われわれは形式社会学の思考の成果をさらに綜合社会学的な見解と結びつけることによって、さらに一段と社会学的知識の進展を将来的に期待し得る」と述べている。しかし、新明が形式社会学を批判的に克服し、社会学の独自の学問的体系、つまり本格的に綜合社会学を確立するには、多くの理論的な研鑽と思索を必要としたのである。

その後、ドイツに留学する新明は、日本を出発する直前に『群衆社会学』（一九二九）と同時に、三木清らが編集する「岩波続哲学叢書」の一書として『社会学』（一九二九、岩波書店版）を脱稿した。新明は形式社会学と綜合社会学（＝「一般社会学」）を結合することにした。そこで、新明は「社会」という対象の「広さ」と「狭さ」を基準にして、社会学の体系を「広義の社会」を対象する綜合社会学と、「狭義の社会」を対象とする特殊科学的社会学（形式社会学）に分類し、両者を方法的に総合することによって真の綜合社会学の体系を構築しようとした。

新明によれば、コントやスペンサーの旧来の総合社会学は社会現象を全体的に考察したが、「基体（＝歴史的社会的実在の基礎）としての社会」を考察しなかった。旧来の総合社会学を批判した形式社会学は「基体としての社会」を強調したため、機能としての社会現象を全体関連的に考察しなかった。そこで、新明は「基体としての社会」を認識する社会の理論と、それを基点とした社会の「機能的な現象」を総合的に認識する社会現象の理論を有機的に関連させることによって、新式の綜合社会学が成立すると考えたのである。

新明は、ドイツ留学の途次、シベリア鉄道の車中で、『社会学』の「はしがき」に「本書は、未完成ながら、さらに次の、あるいは全く面目を一新するかもしれない社会学の試みに対して、重要な標識をなすものである」と書き記している。新明は「形式社会学の規格から脱却しながら、しかも形式社会学が問題にして来た問題をすべて別の見地からうまく組織化したいと考えて、いろいろと構想をめぐらしていましたものの、まだ最後的な考え方がまとまっていたというわけではなく、幾分私は薄明のなかで太陽の光を求めようとするような気持でドイツに参った」と回顧している。

たしかに新明は形式社会学と綜合社会学を有機的に結合しようとしたが、それは社会の理論（形式社会学）に社会現象の理論（綜合社会学）を機械的に接続しただけであり、「狭義の社会」を含む「広義の社会」を全体的・統一的に把握し得たとは言えなかったのである。

(3)ドイツ留学と知識社会学の研究

新明は社会学研究のメッカのドイツに留学した。新明の「略年譜」によれば、一九二九（昭和四）年三月、「ドイツへ留学」し、その翌々年の三一年五月に「帰朝」した。すでに述べたように、新明は彼の留学生活を克明に日記に記述しているが、それによれば、新明は神戸港から大連に着港し、そこから鉄道で春まだ浅きシベリアを経由し、ベルリンに到着した（四月二五日）。その後、ケルンのフォン・ヴィーゼ教授やキールのテンニース教授を訪問するためのドイツ国内旅行、さらに「欧州通信」の取材を兼ねて東南ドイツ・ウィーン旅行を行っているが、三〇年末までベルリンに滞在した。その後、フランクフルトにしばらく滞在し、K・マンハイムの満員盛況の講義を傍聴したり、ホルクハイマーが主宰するマックス・ヴェーバー研究会に出席した。新明は、再びベルリンに戻り、旅装を整え、ロンドン、パリ、ジュネーヴ、ローマなどのヨーロッパの主要な都市を見物し、イタリアのナポリに到着した。ナポリを出港し、地中海、インド洋、東シナ海を回り、日本に無事帰国した（二年間のドイツ留学については、すでに触れた新明正道著『ドイツ留学日記』に詳しく、新進の社会学者の視点からヴァイマル末期の経済的危機、政治的混迷を始め、大衆文化や前衛芸術、さらに食文化や歴史文化、在独日本人や留学生の生活などが克明に記録されている）。

新明はベルリン大学ではフィーアカントの一般講義「社会学」を受講した。ところが、形式社会学を批判的に克服し、綜合社会学の構想を模索していた新明にとって、形式社会学の内部体系の概念化と精緻化を主題としたフィーアカントの講義にはもはや魅力を感じなかった。ただ「ニーチェの知識社会学」を主題にした演習には新鮮な魅力を感じて、熱心に参加した。新明はフィーアカントの講義や演習への参加の他、社会学者では応用社会学研究所を主宰するカール・ドゥンクマンと交流し、独作論文「社会学の原理としての集団」を『応用社会学雑誌』に掲載した。

新明は、留学生の大熊信行、杉本栄一、服部英太郎とともに、すでに『マルクス主義と哲学』の邦訳（塚本三吉訳、一九二六）と福本和夫の師として知られたカール・コルシュを囲んで、毎週一回ずつ前後十回の研究会をもった。この唯物論に関する研究会について、のちに新明はベルリン大学のフィーアカントの講義やフランクフルト大学のマンハイムの講義とは「全く別様の強い感銘を受けた」と回顧している。またドイツ共産党主流派から排除され、共産党反対派として活動していたタールハイマー（夫妻）とも頻繁に交流した。新明は当地から雑誌『経済往来』にルポルタージュ「欧州通信」（毎月一編、十二回）を発信したが、コルシュやタールハイマーとの知的な交流はその執筆に大いに参考になったであろう。

当時のフランクフルト大学やケルン大学などの新興の大学では、社会学講座が新設され、ヴァイマル文化に特有の自由主義的・社会主義的思想を体得したホルクハイマー、ガイガー、マンハイムなどの若手世代が大学教授に就任した。ドイツ社会学は「ヴァイマル共和国の最後の数年間、経験的社会研究と社会学の制度化の点で、また理論的にも活発で広汎な発展を示した」のである（M・ライナー・レプジウス）。たしかに、社会学の研究では形式社会学に代わって、文化社会学が有力になった。なぜなら、文化社会学が社会の内容をなす「文化」をもって主要な研究対象とすることから、注目されるようになった。新明はベルリン留学中、ハンス・フライヤーの新著『現実科学としての社会学』（一九三〇）を熟読した。フライヤーは形式社会学を現実から遊離した思弁的・抽象的・観照的な「ロゴス」科学として批判し、社会学をより現実的・実践的・歴史的な「エートス」科学として構想した。新明は、フライヤーの社会学を「形式社会学の批評は満点である」と評価し、自ら「完全に形式社会学の余滓《あまりかす》を放棄できた」のである。

ドイツ留学中の新明が注目したのが、文化社会学のうち知識社会学の研究である。カール・マンハイムは『イデオロギーとユートピア』（一九二九）を刊行し、マルクスのイデオロギー論を出発点とし、知識の存在被拘束性の理論を中心として知識社会学を展開した。新明は滞在中のケルンでこの新著を購入した。『ドイツ留学日記』に「今の研究の目的に『知識社会学』をおき、カール・マンハイムの『イデオロギーとウトピー』の批判から出発せよ」と書き記したように、知識社会学の観点からマルクス主義の文献を再検討した。のちに、新明はマンハイムの知識社会学との出会いは「いわば薄暗いコンクリートのビルを出て眼前に突如白昼の光のなかで花壇を見出したような鮮やかな印象を与えた」と回顧している。こうして新明は、帰国して『知識社会学の諸相』（一九三二、著作集第六巻所収）、『イデオロギーの系譜学　第一部』（一九三三、編著）、『現代知識社会学論』（一九三五、編著）と矢継ぎ早《ばや》に刊行した。

新明は『知識社会学の諸相』で、マンハイムだけを考察しているのではなく、エルサレム（実証主義）、シェラー（現象学）、アルフレート・ヴェーバー（歴史主義）の知識社会学を考察の対象としている。そのため、新明の知識社会学研究はいわば「知識社会学の知識社会学」の研究（大道安次郎）である。それは、広く近代の知識や科学をその社会的存在の立場から批判しようとした。とくに新明は『ドイツ留学日記』に「マルクス主義——その精髄も自分の知識のなかに摂取しなければならない」と書き、ドイツ留学からの帰路のインド洋上では、プレハーノフ、モンドルフォ、ツァルクらの唯物史観に関する著作を集中して閲読している。それは新明が「マンハイムに飽き足らず、むしろ彼が批判したマルクスのイデオロギー論をもってマンハイムを批判するような考え方に立っていた」からである。

マンハイムは、つとに知られているように、知識階級、つまり「社会的に自由に浮動する」インテリゲンチャに注目し、彼らに知的・政治的な危機を克服する使命を託した。ところが、新明は、当時の緊迫したドイツの政治情勢からすると、マンハイムの知識階級論からあまりにも高踏的かつ空想的な印象を受けたのである。そこで、新明は、セルゲーエフやフォガラシなどの正統派マルクス主義の知識社会学批判を受容し、マンハイムの知識階級論は社会民主主義と結びつき、そのため社会ファシズムと結びつく可能性があって、マンハイムの「知識階級のイデオロギーとしてもっている超階級的な気分は、そのなかにすでにファッシズムの歴史観へ通ずる窓をもっている」とした。したがって、「マンハイムの知識階級は、ついに彼の理想的存在にすぎなかった。現実の力はあまりにも強く、彼の力説にもかかわらず、その理論の破綻を如実に暴露するにいたっている」と批判したのである（『知識社会学の諸相』、一九三二、著作集第六巻所収）。

ここで「社会ファシズム論」というのは、コミンテルン（共産主義インターナショナル）がドイツ社会民主党を攻撃するために「社会民主主義もまたファシズムの一翼である」と定式化したマルクス主義者、とくに正統派マルクス主義者のファシズム論である。当時の新明は「社会ファシズム論」をマンハイムの知識社会学批判に機械的に適用し、マンハイムをして社会ファシストと論難し、さらに「マンハイムの英智の生み出した知識社会学の最上の成果もこれでは空しく現実の混沌の上を飛翔する運命に縛られていると判定しなければならない」と批判したのである。

ところが、戦後、新明は『イデオロギーの系譜学』の増補版『イデオロギー論考』（一九四九、著作集第六巻所収）を刊行し、マンハイムのイデオロギー研究をモデルにして、イデオロギー概念を歴史的に検討し、マンハイムのイデオロギー論はイデオロギー論として最新の典型をなすものと再評価し、従前のマンハイム批判を撤回した。新明によれば、一部のマルクス主義者の政治的スローガンを安易に受容して、自由主義的なマンハイムを「社会ファッシスト」と呼ぶのは「不当」である。新明の従前のマンハイム批判は「粗笨《そほん》に過ぎる」のであって、マンハイムは「保守反動の傾向におちいることなく、一個の良心的な知識人として終始した」のである。とは言え、新明はマンハイムの「イデオロギー論は現実主義的見地からみると、存在の現実的把握において不完全に終り、やがてこれが禍をなして彼の存在的制約性の全理論には致命的な欠陥が生ずるにいたった」という批判を保持している。

(4)全体主義批判の政治・民族社会学

新明が留学地としてベルリンを選んだもう一つの理由は、日本を出国前に月刊雑誌『経済往来』のために「欧州通信」の執筆を依頼されたことである。当時のベルリンはヴァイマル文化の中心であり、かつ世界都市として精神と学芸のメトロポールであった。ベルリンは新明がルポルタージュを発信するには地理的にも時局的にも格好の条件を備えていた。新明は当地の各種の新聞・雑誌を読み、さらに街頭や旅行の見聞を適切に挿入し、遠い日本の読者に切迫感と臨場感をもって、危機に直面するヨーロッパの情勢を送信した。帰国後、新明は十二編の「欧州通信」に加えて、三編を書き下ろし、『欧州の危機』（一九三二）と題して刊行した。

一九二九年一〇月の暗黒の木曜日、ニューヨーク株式市場で株価が大暴落し、世界大恐慌が始まり、その余波を受けて、ドイツ経済の「相対的安定」も終焉し、企業の倒産と大量の失業とともに、市民層を含む国民各層に経済的不安が蔓延した。こうした国民経済の危機、激化する政治的対立と混迷、国民の心理的不安を最大限に利用し、デマゴギーと大衆的な煽動によって政治的勢力を伸長したのがヒトラーが率いるナチスであった。ヴァイマル共和国はまさに末期の形相《ぎょうそう》を露呈した。

イタリアのムッソリーニの政権掌握を「ファシズム体制の第一期」の開始とすれば、新明が現地で目撃したのは、「ファシズム体制の第二期」の前夜の様相であった。新明がドイツを去った後、ナチスはさらに政治勢力を伸長させ、ついにヒトラーは政権を掌握した。ヒトラーはその前後に社会民主党や共産党などの反対派を弾圧し、国会で「合法的」に全権委任法を可決し、独裁権を確立した。帰国後、新明はドイツの政治情勢の事情通として、ドイツのファッショ化過程とイタリアとのファッショ的提携に関する政治評論を雑誌『改造』、『経済往来』その他の雑誌に精力的に執筆した。

新明はドイツ留学の経験や帰国後の急激な社会情勢の変化に直面し、すでに述べた「知識社会学」の他に、イタリア・ファシズムの運動や組織ではなく、そのイデオロギー、つまり社会観や国家観とそれに関連してソレルやニーチェなどの諸思想を論じた論文集『ファッシズムの社会観』（一九三六、著作集第七巻所収）を「政治社会学」の研究として、さらにナチスの人種主義に基づく民族至上主義を批判した『人種と社会』（一九四〇、著作集第八巻所収）や論文集『民族社会学の構想』（一九四二）を「民族社会学」の研究として発表した。これらの研究は、新明が政治学から社会学へ転じても、なお新たな政治現象に関心を払い、特殊社会学の研究として成就したものである。

ファシズム批判の政治社会学

新明は、『ファッシズムの社会観』の「はしがき」で自らのファシズム研究の意図を明らかにしている。新明によれば、すでに「ファッシズムが時代の声」と叫ばれ、「組織と統制」が「無批判的に価値あるもの」とされているが、果たしてファシズムは「人間の生と歴史と社会を向上させ得る」のであろうかという疑問を提出し、主としてイタリア・ファシズムのイデオロギーとそれに関連した諸思想を精密にかつ徹底的に検討した。それは、日本のためにも、ファシズムの科学的な検討が要請され、しかも「最高の良心と最大の英知」をもって自己の針路を決定すべき時期に直面していたからでもある。

新明によれば、イタリアのファシズムが反動的独裁という新たな反動の原理を提供している点で、「ヨーロッパにおける反動の歴史における新しい契機を意味する」。そしてイタリアとドイツにおける反動的独裁は「高度資本主義の必然的産物であり、……独占資本主義の没落性の表現である」。とは言え、なぜ、イギリス、フランス、アメリカのように高度に発達した資本主義諸国でファシズムは成立せず、むしろイタリア、ドイツのような資本主義諸国に成立したのであろうか。新明によれば、ファシズムはなによりも「資本主義的な基礎に立ち、特に金融資本層の究極的な支持によって展開された思想」である。そしてファシズムは社会主義を主要な敵として克服しようとし、さらに資本主義に支持されて成立した自由主義、（議会制）民主主義も排除して、これらに代わって独裁的な政治を実現しようとするものである。

イタリアのファシズムは「協同体国家」の建設をスローガンとした。新明によれば、ファシズムは、旧来の自由主義的な国家論の制限を打破し、国家の機能を政治的なものに制限せず、広く経済にまで拡大し、国家的な経済組織、つまり協同体国家を構成しようとしたのである。協同体は労資の組合の上に設定された混合的な統合機関である。ギルド社会主義が産業自治を志向したのにたいして、イタリア・ファシズムは独裁国家の基礎として種々の協同体組織を国家的に統制した。しかし、新明は、協同体国家は経済にたいする国家の優位を提唱しているが、資本主義の基礎に立脚し、経済的制度を改革せず、もっぱら協同体の組織を通じて生産を統制したことから、かえって個人的な創意を束縛するものであって、結局は「旧制度を補強し、資本主義の最後の牙城を築くものとして現れている」と批判した。

一九三一年九月、満州事変が勃発し、日本のファシズム運動は「急進ファシズムの全盛期」（丸山眞男）を迎えた。新明はイタリアとドイツのファシズム運動との比較で、「下から」のファシズムの運動と思想を批判することができた。ところが、五年後の三六年の二・二六事件を契機に「ファシズムの完成期」（丸山眞男）に突入したが、イタリアやドイツの「下から」の運動としてのファシズムと異なり、日本の既成の支配層、とくに軍部と官僚と財閥が既存の国家機構を内部から再編し、議会制度を廃止し、政党政治を抑圧した。新明は、「下から」のファシズム運動の挫折を確認したが、「上から」の国家統制の強化によるファシズム体制の完成について、それを単に合法的な「強力政治」の実現であると誤認し、その結果、特殊日本型ファシズムを批判することはできなかったのである。

このように、新明はイタリア・ファシズムやドイツ・ナチズムについて深く、かつ広く認識したことが、かえって特殊日本型ファシズムを深く、かつ広く誤認したのである。そのため、のちに述べるように、新明は高度国防国家と東亜新秩序の建設、東亜協同体の実現をめざして、積極的に政治・思想評論を展開した（参照、山本鎭雄『時評家　新明正道』第四章「ファシズム批判とその陥穽《かんせい》」）。

ナチズム批判の民族社会学

新明は、ドイツ留学中、ナチスの台頭を目撃し、さらにヒトラーの『わが闘争』を読み、その指導理論を基礎づけている人種主義に疑問をもっようになった。その後、ヒトラーが政権を掌握し、人種主義的理論が政策的に強行されるようになった。新明は、社会が人種によって決定され、人種不平等論によって民族に先天的に優劣の差が存在し、アーリア人種は優越し、ゲルマン種族だけが文化を創造する能力があると主張するナチズムの人種主義的排外主義を根本的に批判した。そのため、フランスのゴビノーやド・ラプージュ、イギリスのチェンバーレン、ドイツのアモンその他の近代的人種理論に遡及して検討し、科学的に「人種と社会」「人種と民族」の関係を明らかにしようとした。

その後、新明は満鉄社員会主催の夏期大学のために、大連、奉天（瀋陽）、ハルピン、チチハルなどの満州各地で「種族と社会」をテーマに講演を行い（三六年夏）、大連での六時間半の講演の速記録が『夏期大学講演集』（満鉄社員会、一九三六）の一編として公表された。新明によれば、人種はあくまでも人間の体質的特質という生物学的な概念であるが、人種主義は人種を人種として解釈するだけでなく、社会や文化・文明を評価する手段に拡大し、さらに人種の相違を基礎にして社会および文化の優劣を論証しようとする。

新明によれば、人種は外見的には具体的で明瞭である。そのような理由から、社会や文化の優越を論じる排外主義的人種主義は、通俗的には一定の説得力をもつが、決して論理的でも道義的でもない。人種主義は民族的文化的な偏見や差別を助長するという意味で、有害無益なイデオロギーである。「王道楽土」「五族協和」を建国の理念とする「満州」の地で、新明は在満邦人にたいして民族融和政策に寄与し、「民族協和」の理念を実現する国民社会の建設を強調したのである。

新明は、満州各地の講演ののち、「人種の問題を社会学的見地からもっと組織的に究明」したのが、『人種と社会』（一九四〇）である。新明は、「人種と社会」の関係を分析し、生物学的な「人種」と社会学的な「民族」を区別し、人種主義者が人種の概念を「民族」に拡大して、人種・民族間に先天的な優劣が存在するという見解を非科学的観念として批判した。その結論として、新明は「人種的な社会理論は、社会そのものの本質を直接把握していない点で社会理論として根本的な要請を見落としたものであって、環境的な社会理論以上に多分に歪曲的である点において社会の認識を毒すること甚だしい」と批判しているのである。

ナチスはアーリア人種を中心とした人種主義を提唱し、しかもアーリア人種が「文化建設者」として人種的純潔性を維持し、この人種を継承したゲルマン種族があらゆる人種にたいして優位に立ち、支配するというゲルマン的人種主義を主張した。それにたいして、新明はそれらを克明に検討した結果、科学的に致命的な欠陥が存在するとして徹底的に批判した。さらに、新明は人種主義にもとづくナチスの対内政策と対外政策をそれぞれ批判的に分析し、その不当性と不合理性を指摘した。それにたいして、日本では「人種的な融和の伝統が存しており、人種的偏見が有力でないところから、社会の膨脹の段階に立つにいたっても、欧米に見るような人種主義的な政策が積極的に採用されるまでになっていない。これは国民社会の発展のために喜ぶべきである」と礼賛している。しかし、この種の日本の人種政策にたいする新明の評価は、あくまでも彼自身の楽観論に過ぎない。

新明が『人種と社会』を出版した当時、日本の社会学界では民族の研究が盛んとなり、加田哲二の『人種、民族、戦争』（一九三九）、小松堅太郎の『民族の文化』（一九三九）、高田保馬の『民族論』（一九四二）、小山栄三の『民族と文化の問題』（一九四二）が続々と刊行され、民族問題との関連では「東亜民族論」や「東亜協同体論」などが論壇で盛んに論議された。新明もまた、人種から民族の研究に進出し、「民族の概念」「民族の起源」「民族主義と国民主義」を収録して『民族社会学の構想』（一九四二）を刊行した。さらに、戦後になって、新明は戦前の講義ノート「民族論」と「民族主義論」をもとに「民族の歴史的起源」「近代民族の生成」「近代民族主義の展開」を収録して、『史的民族論』（一九四八、著作集第八巻、所収）を刊行した。

新明によれば、民族を部族と区別すれば、歴史的には氏族が部族社会の基礎団体であって、民族は国民社会の初期に成立した基礎団体である。民族が近代民族と称するには、共通の文化を背景として、民族としての自覚をもち、共通の目標や理想を追求するところにある。民族としての理想を追求する態度が民族主義を形成し、民族的統一を強化し、民族を基礎として民族国家の建設をその目標とする。そして民族主義は「自生的民族主義」として民主主義とともに発達したが、民族の勢力的拡大と国家的活動の拡張を意図する「拡張的民族主義」が登場し、しかも「独裁的排他的偏向を強化」し、世界各地で民族間の対立と紛争を結果した。新明は戦前における超民族主義を反省し、民族主義を個人の協同・連帯にもとづく民主主義と緊密に結合させることによって、合理的に調整し得ると提言している。

ドイツ留学中、新明はナチスの人種主義に疑問をもち、人種研究を開始し、さらに民族研究に及び、戦後はナチスの「拡張的民族主義」（自民族中心主義）を批判し、民主主義と結合した民族主義の伸長に期待した。新明自身は『史的民族論』に「その内容に多少確信をもっていた」こともあって、大阪大学文学部に学位請求論文として提出し、文学博士号を授与された（一九五三年九月）。その後も、新明は民族研究に意欲を燃やしたが、民族社会学の研究は自ら「未完成に終わっている」と総括している。

補遺4　新明の独訳論文の改竄《かいざん》とドイツ・ベルリンの社会学者

新明は渡欧する直前、『社会学雑誌』（日本社会学会機関誌）に「方法としての社会学――社会学化の理論の構成――」（一九二九）を発表した。理論の社会学化 Soziologierung とは、「基体としての社会」に立脚して、社会現象を全体的に考察すること、つまり形式社会学の見地を保持しながら、綜合社会学の観点によって社会学を体系化しようという方法論の提案である。それは、執筆中の『社会学』（岩波書店版）の要旨である。ベルリン滞在中の新明はこの論文をほぼ忠実に独訳し、カール・ドゥンクマンが編集する『応用社会学雑誌』に「社会学の原理としての集団」（Die Gruppe als Soziologisches Prinzip.in: *Archiv für Angewandte Soziologie*, Jg. II, Heft 4, 1931）と改題して発表した。

しかし、新明の邦語論文と比較すると、独訳論文には数か所に奇妙な書き込みが認められる。それは、編集者のドゥンクマンによる書き込みであって、その結果、文章の筋が「一義的に理解し難い」（新明正道）ものとなった。たしかに、独訳論文では「社会現象」にたいして「集団」という言葉が無造作に併記されたり、「私は社会現象の概念を集団という、より慣用的な概念と同じ意味で理解している。……私にとって、社会現象の理論はつねに集団の理論と同一である」という文章が新たに書き込まれている。新明の邦語論文では、社会集団は「基体としての社会」とされているが、独訳論文では、社会の基体から生じる機能としての社会現象とされている。

そもそも、社会学の中心概念とも言うべき「社会集団」は、社会の基体として位置づけられるのか、あるいは社会現象として位置づけられるのか、概念上の位置づけは決定的に異なる。新明は集団を形式社会学と同じように、社会の基体と位置づけていたが、ドゥンクマンは社会現象と理解し、独訳論文に恣意的に加筆したため、「一義的に理解し難い」ものとなったのである。

新明はケルンでフォン・ヴィーゼにこの独訳論文について語ったところ、ヴィーゼが主宰する『ケルン社会学季誌』に論文を寄稿するように勧められた。当時、『ケルン社会学季誌』と『応用社会学雑誌』は理論的・思想的にライバルと言うべき関係にあり、ヴィーゼはドゥンクマンにたいして「強い人間的ないし学問的アンティパシー」(新明正道)を感じていた。潔癖な性格の新明は、ヴィーゼの勧誘に「政策的な含み」があると感じて、同誌への寄稿を即座に断っている。

ルネ・ケーニヒの回顧によれば、当時のベルリン在住の社会学者の間では、ドゥンクマン Dunkmann にたいして、Dunkelmann (黒幕、いかがわしい人物) という評価が一般に流布していた。彼の神学から社会学へと転じた経歴、コントやオトマール・シュパンを評価する独自の総合社会学、自由主義に批判的な保守主義の思想と無関係ではない。当時、フィーアカントが代表的な社会学者を動員して、大部の『社会学辞典』(一九三一)を編集したが、ドゥンクマンや彼が主宰している「応用社会学研究所」のメンバーは執筆者から除外された。またドゥンクマンの急逝によって、応用社会学研究所は解散した。ケーニヒの回顧によれば、ドゥンクマンは「けわしく上り、再びすぐ姿を消す典型的なはかない(社会学の)明星」(一九八一)であったと述べている。たしかにドゥンクマンと応用社会学研究所のメンバーは、ケーニヒが一九八〇年代に言及するまで、ドイツ社会学史において長らく忘却された存在であった。

2　綜合社会学の確立

(1)「社会力」の概念

新明はドイツ留学中、新興の文化社会学、とくに知識社会学の研究に接し、これまで疑問視してきた形式社会学の構想を完全に放棄した。そこで、新明は独自に綜合社会学の体系化を目指して、『社会学序講』(一九三二、『著作集』第一巻所収)、その改訂版『社会学要講』(一九三五)を出版した。これらの著作は新明の社会学研究史で言えば、第二期後半の業績である。前者の『社会学序講』では、社会学をして綜合科学と位置づけ、「形式的な特殊科学」とする見解を否定した。当時の新明は社会学の学問的性格を、つぎのように把握している。

社会学は、第一に綜合社会学として、諸社会現象の各々の特徴とその全体的な関連性を内的に把握することである。第二に現実科学として、諸個人の価値や目的を社会の現実的な因果法則のなかで考察することである。第三に理論科学として、社会的現実の歴史性に関連し、動学的な基準によって理論化することである。

新明はこのように、社会学の綜合性・現実性・理論性を強調し、社会学の基礎概念を人間の「作業的関連」(新明は、のちに「行為関連」と言い換えている)と規定し、さらにその中心をなすものとして「社会力」soziale Krafte, social forces の概念を設定した。もっとも「社会力」の概念は、アメリカ社会学では社会結合を生理的・心理的な本能や欲望によって説明するために用いられた概念である。ところが、新明は「社会力」をして「社会の内容をなす作業的な組織」として、生理的・心理的要素を脱色し、人間の労働組織とともに成立し、文化程度の発展とともに分化する独自の社会現象と規定した。

新明はさらに「社会力」を上構 Überbau と下構 Unterbau に分類した。下構は、基礎的な社会力を含み、上構を制約し、決定的な意味をもつのである。社会力の下構は「経済力」であって、その基礎をなすのが「生産の技術」と「生産の編成」であり、両者の総合の基礎が生産力である。ついで社会力の下構に接近した上構は「種属力」と「政治力」である。さらに社会力の上構は「知識力」「芸術力」である。新明自身が「この時期がもっともマルクス主義に接近し、その感化を受けることも多かったといってもよい」と回顧しているように、下部構造（土台）が上部構造を規定するというマルクス主義の命題に準じて、経済決定論の立場を採用した。

ところが、「社会力」の概念を独自に改釈して、綜合社会学の構想を具体化したとは言え、新明はそれに満足できなかった。なぜなら、アメリカの社会学は「社会力」を生理的・心理的な概念として使用したが、その概念には語感的にはすぐれて集合的・客観的であって、人間の本来的な意味的・主体的な要素を欠如しているからである。新明は、一方では「社会」の概念をより主体化し、他方では綜合社会学が社会の「内容」と「形式」を有機的に統合するように、社会学の体系的端緒を模索した。そこで、新明が着目したのが「社会力」に代わる「行為」の概念である。このように、新明は「行為」の概念を検討し、社会の形式と内容を相即的に統合する「行為関連」の立場を表明し、綜合社会学の概念的端緒を確立したのである。

(2)「行為関連」の立場

新明は理論社会学、その一般理論の代表的著書として『社会学の基礎問題』（一九三九）と『社会本質論』（一九四二、いずれも『著作集』第二巻所収）を上梓した。さらに、綜合社会学の立場によって体系的に編集した大著『社会学辞典』（一九四四）を刊行した。これらの著作は新明社会学の確立にとって、最も重要であるだけではなく、日本の社会学研究を代表する業績と言えよう。とくに『社会学辞典』は戦時下の「予想外の困難」を克服して刊行され、戦前と戦後の社会学的知識を架橋する一大金字塔である。

新明は、すでに述べたように、形式社会学への批判を契機として、綜合社会学（理論社会学）の立場から社会学の体系化に着手した。新明は、『社会学の基礎問題』で綜合社会学を基礎づけるとともに、綜合社会学における科学的全体的認識の可能性、綜合社会学の内部における一般社会学と歴史社会学の構成、マックス・ヴェーバーにおける理解社会学と理念型の問題など、社会学の方法論的な問題にも言及した。とくに同書の第四章で初めて「行為関連の立場」を提唱したが、この概念は、和辻哲郎が『倫理学』上（一九三七）で「人間間現象」（人間の間柄的存在）を説明するために使用した。新明はそれを批判的に借用して、独自に解釈したものである。のちに、新明は、この「行為関連の立場」こそ「私が形式社会学の批判から進めてきた社会学の一般理論における綜合的な組織化の究極的な帰着点をなすもの」と述べている。

新明は「行為関連の立場」を展開するに当たり、その前提となったのが「行為」の概念である。新明はM・ヴェーバー、G・H・ミード、マルクスの行為の概念から示唆を受け、「行為」の概念に注目した。新明は「行為」の概念を採用することによって、まず具体的な行為の担い手は「社会的個人」であり、その「人格的な主体性」を生かすことが可能となった。新明は行為をして「人格的」な側面と、行為の「関連的」な側面を一体的に把握する。なぜなら、個々人の人格的行為は決して孤立した行為ではなく、関連的な行為だからである。こうして「人間の行為は行為関連としてはじめて発現し得る」のである。

これまで、ジンメルやフォン・ヴィーゼの形式社会学は「社会」を関係概念によって考察した。

新明によれば、形式社会学は、コントやスペンサーとは異なり、有機体的な事物概念のように社会を統一体的な事物として確定することに満足せず、社会の実質が何であるかを究明するため、関係概念を提示したのである。その場合、社会の事物的な概念によって否定された個人の意義が回復され、個人の主体的な存在を通してはじめて社会的統一が問題とされた。そこでは、なによりも個人は、単なる個人ではなく、あくまでも「社会的個人」であり、「関係のなかにある個人」である。たしかに、形式社会学は関係概念によって事物的な概念を破壊することができたが、かえって個人の概念も粉砕し、社会と個人をともに関係のなかに解消したため、「個人の主体的存在」を無視してしまったのである。

新明は、このように、社会の形式社会学的な関係概念を批判し、社会の本質として「行為関連の立場」を確定して、つぎのように説明する。「人間は人格的な統一を有し、行為の主体をなすものである。そして、社会はこの行為の関連においてこそ成立するものである。正確にいえば、主体的関係は人間的主体の行為関連と観念され、……社会の概念は（単なる）関係から進んでさらにこれを行為関連として規定することによって、真によくその本質を闡明《せんめい》されることになる」（括弧内、引用者）。しかも「具体的な総合的な行為関連によって社会を考えるべきであって、……これによって観念論や唯物論の与える一面的に歪曲された社会像を超克することになる」。こうして、新明は綜合社会学の核心ともいうべき「行為関連の立場」を明らかにした。

さらに、新明は一般社会学の重要なテーマである社会形態を具体的に分析するために、行為関連の概念的有効性を主張している。たしかに、実際の社会は接触の様式によって直接的および間接的な社会形態、あるいは構成の特徴によって感情的（非合理的）、目的的（合理的）、習慣的などの社会形態に区別される。このように、社会の形態が多種多様に区分しうるとしても、行為関連を公分母として社会を考察すると、すべての社会形態は根本的に同一の構造を持つことになる。新明によれば、「あらゆる社会がすべて根本において行為関連として成立していることである。高級な複雑な構成を有する社会……もまた行為関連として把握しなければならないのである。社会の具体的な形態の研究においても、行為関連の立場が貫徹される必要のあることは明らかである」。社会の本質としての「行為関連」から具体的な社会の形態、しかも総合社会の形態を考察することが可能になる。

このように、新明は「行為関連の立場」を採用した理由として、①個人の人格的主体性を重視し、②社会の活動的な過程、つまり歴史性を明確にし、③社会の形式と内容を総合的に把握すると述べている。しかも、戦後になって、新明はタルコット・パーソンズの行為理論を中心に、M・ヴェーバー、G・H・ミード、デュルケームなど諸学説を批判的に検討した。新明は自らの「行為関連の立場」を広く「行為的アプローチ」――行為理論によって社会学理論を基礎づける立場――として再規定し、その理論的源流を歴史的に遡及し、さらに現代の社会学における行為理論の問題点を解明した（新明正道『社会学における行為理論』、一九七四）。

補遺5　綜合社会学の端緒としての「行為関連」の立場

マルクスは「経済学の方法」として「下向的な研究の過程」（第一の過程、**図1**）と「上向的な叙述の過程」（第二の過程）の円環運動を指摘している。例えば、経済学的に考察する場合、まず最初に「人口」を想定し、ついで「人口」を区分する「階級」を想定し、さらに「階級」の基礎としての「賃労働」と「資本」を想定することになる。こうして、「人口」という「混沌とした全体表象」（a）からはじめ、さらに分析的に下向し、しだいに「単純な諸概念」（c）を発見することになる。この思惟の分析的過程は、あくまでも「単純な諸概念」を確定するための「下向的な研究の過程」（b）を意味する。

さらに、思惟において確定された「単純な諸概念」（c）から出発し、思惟の総合的過程を経過して、最後に「混沌とした全体表象」ではなく、多くの規定と関係をもつ具体的な「豊かな思惟の総体」（e）に到達する。それが「上向的な叙述の過程」（d）である。つまり、第一の過程では「完全な表象が蒸発させれて抽象的な規定となり」、第二の過程では「抽象的な諸規定が思惟の道をとおって具体的なものの再生産に到達する」ことになる（『経済学批判序説』、一八五七。マルクスの『資本論』では「下向的な研究の過程」で、最後に到達した最も単純な概念が「商品」であり、「商品」を「端緒」として「貨幣」「資本」の考察を経て、諸階級にいたる「上向的な叙述の過程」を進めている）。

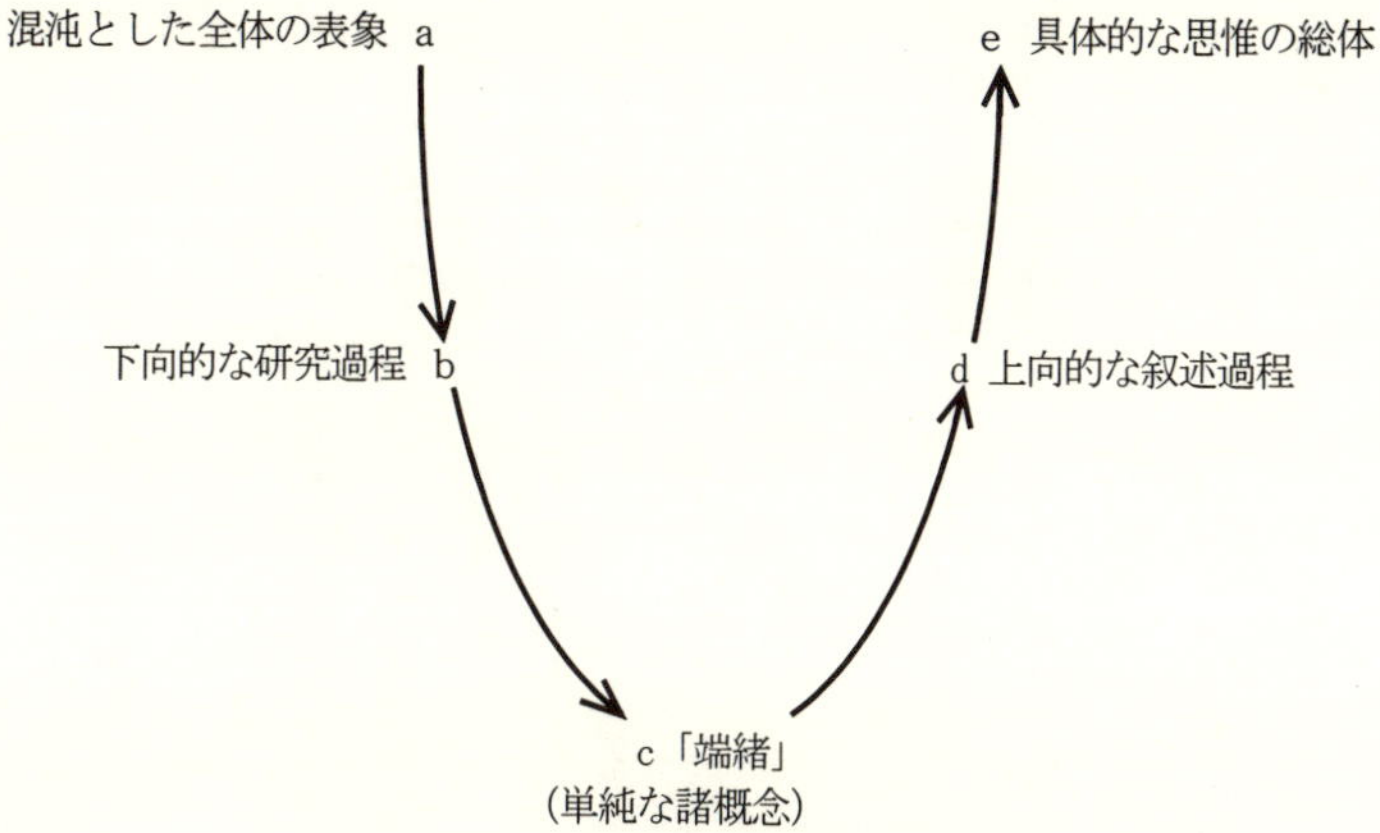

図１　社会科学の弁証法的方法

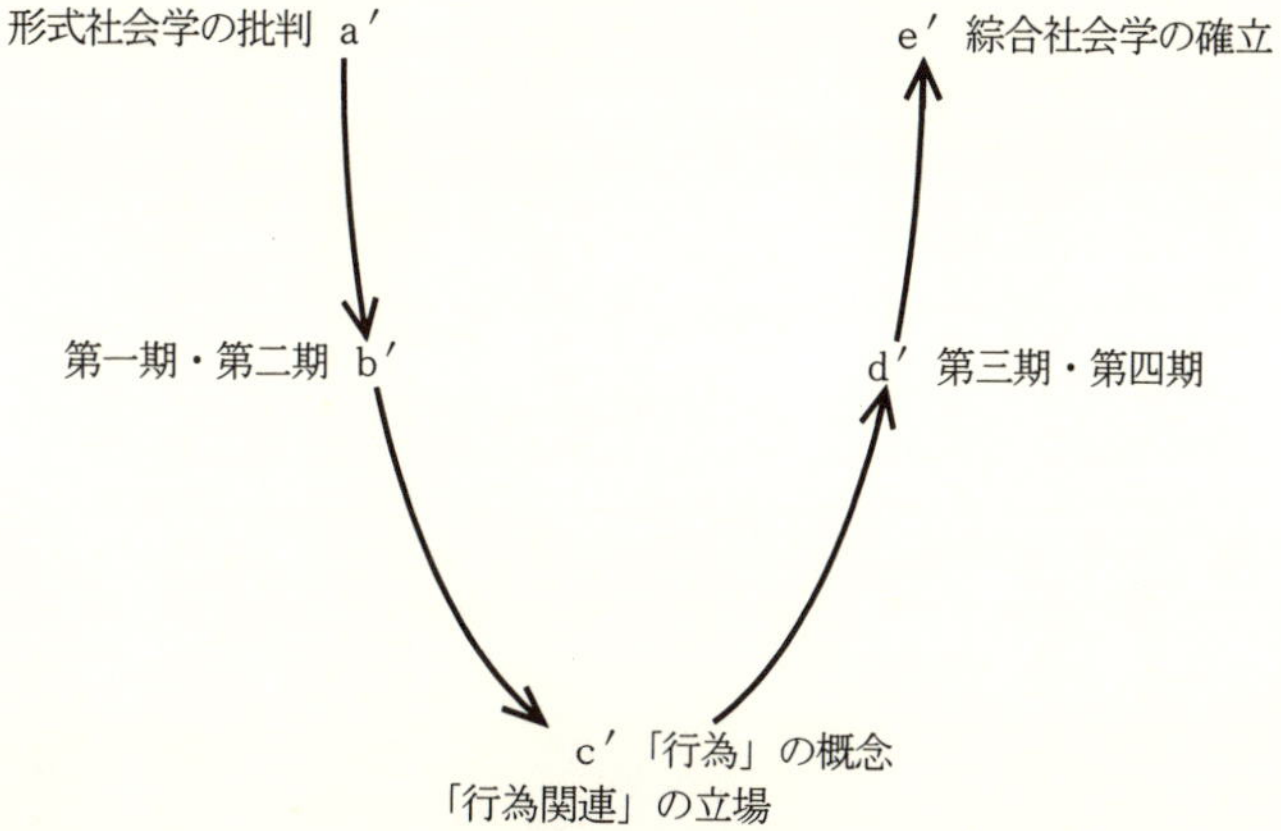

図２　新明の社会学研究史

マルクスの「経済学の方法」として研究と叙述の二つの過程の円環運動を指摘したが、これを必ずしも「経済学の方法」にのみ限定する必要はなく、社会諸科学における弁証法的方法として一般化することができる。

新明の研究史の第一期・第二期は綜合社会学の体系化を目指す「下向的な研究の過程」である(b´)。第三期は綜合社会学の「端緒」、つまり「行為」の見地(「行為は関連的な行為として成立する」)と「行為関連の立場」(「人間の社会は行為関連として成立している」)を概念的な出発点として(c´)、人間的行為の意味と関係性を検討し、さらに行為の交渉性と集団性に言及した(**図2**)。『社会本質論』の最後では全体的な綜合社会の成立を示唆するに止まっている(d´)。マルクスの『資本論』では「諸階級」の分析にとどまったが、新明の綜合社会学もまた最終的には「豊かな思惟の総体」(e´)に到達することができなかったのである。

(3)意味的行為の分類と国民的綜合社会

新明は綜合社会学を提唱し、(1)社会の形式と内容を区別する形式社会学を批判し、(2)社会の内容と形式を統合するために、行為の見地から「社会の本質」を規定し、(3)さらに「行為関連の立場」から「広義の社会」を理論的・歴史的・実践的に把握しようとした。新明は『社会学の基礎問題』で綜合社会学における「行為関連の立場」(**表3**参照、a―④)を明らかにした。さらにこの立場を

『社会本質論』で詳論し、人間的行為の「意味」と「関係」を分析し、社会集団の基礎（b―⑤）を記述した。ところが、それではまだ不十分であるとして、『社会組織論』その他の著作の刊行を意図したが、戦時下の混乱と戦後初期の動揺のために、これらの著作は刊行されなかった。戦争末期、新明が綜合社会学の観点から体系的に編集・記述したのが、すでに述べた『社会学辞典』であるが、編別構成によって推測すれば、広義の社会集団論とその構成を論じた「社会統体論」(Sozialgebilde, 社会形象、c―③・④）と「社会変動論」（c―⑤）を主題として『社会組織論』そ

表3　綜合社会学の編別構成

a『社会学の基礎問題』（一九三九）	b『社会本質論』（一九四二）	c『社会学辞典』（一九四四）
①社会認識の二途	①社会の本質	第一部　社会学
②社会学の組織問題	②人間的行為	①社会学論
③社会学的概念構成	③行為の意味	②社会本質論
④行為関連の立場	④行為の交渉性	③社会統体論
⑤歴史的社会の概念	⑤行為の集団性	④社会構成論
		⑤社会変動論
		⑥原始社会論
		⑦文明社会論
		第二部　社会学史　略

注　①、②は「章」または「篇」を意味する。

の他の刊行を意図したのであろう。こうした一連の著作によって、綜合社会学を構成する「一般社会学」の全容が明らかにされるはずであった。

一般に、人間は自己が何をしようとしているのか、あるいは自己がなそうとするものが何であるかを知っている。しかも人間は自己の行為に意味や価値を与え、行為の創造性を意識する。さらに人間の行為に内在する意味や価値によって行為を一定の体系に分類することも可能である。そこで、新明は人間の行為を①「生活遂行的行為」(下構)、②「生活構成的行為」(中構)、③「生活表現的行為」(上構) に範疇的に分類した (それぞれ範疇的に分類された行為の具体例は、表4「派生団体の分類」を参照)。人間の諸行為の社会的決定性のうち、決定性の意義が最も大きいのは「生活遂行的行為」である。そもそも、上構、中構、下構は行為の社会的決定性の順序 (①→②→③) を示している。とは言え、人間の生活は諸行為の総合としてはじめて全体的な意義を獲得するため、ある行為が、社会の決定性において下位に属するとしても、決して価値的に否定されたり、軽視されるものではない。

新明は、人間が他人との関心において行為するところに発現するあらゆる状態を「行為の交渉性」(Zwischenmenschlichkeit) と規定し、さらに交渉性の形式として、行為の接触する方向性が不明確で、また連続性の欠けた行為を「相互作用」(Wechselwirkung) と、方向性が明確で、接触状態の持続した行為を「関係」(Beziehung)に区別した。新明は、人間的行為の関係のうち、とくに相互肯定的な「結合関係」(Verbindende Beziehung)に重要な意義を認め、この「結合関係」を「行為関連」と呼んでいる。

このように、社会の本質は単に関係一般ではなく、人間の「結合関係」を中心とした「行為関連」である。さらに一定の持続的な結合関係を中心として多数の異種的な関係の社会的組織を「社会集団」と規定することが可能である。そして社会集団の持続性を基準として群集・公衆のような「集合的集団」と、家族・学校・企業のような「団体的集団」に大別され、後者の「団体的集団」は「基

図3　社会集団の分類

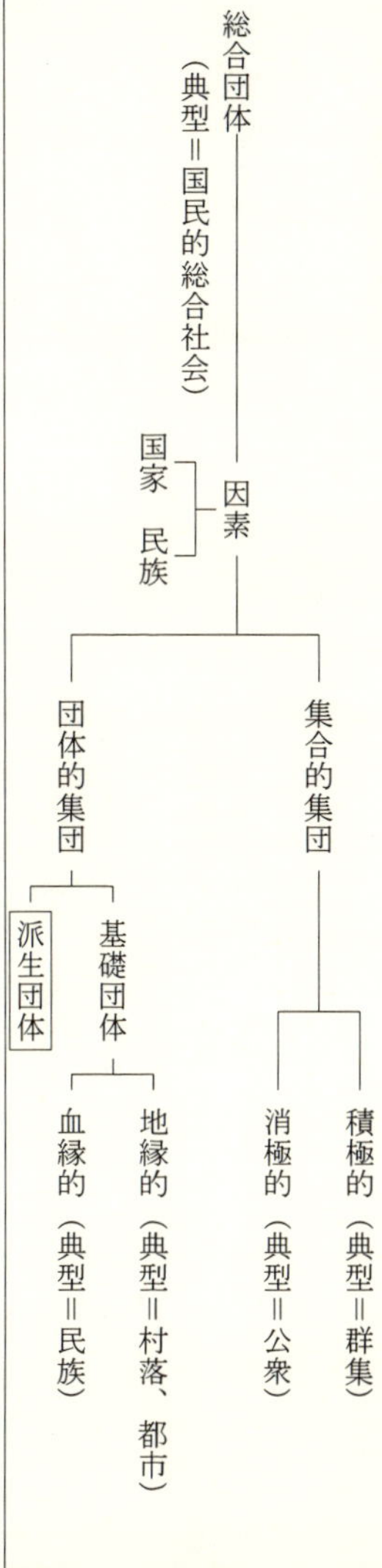

表4　派生団体の分類

一　生活遂行的派生団体
(イ)種属的派生団体（典型＝家族）
(ロ)経済的派生団体（典型＝消費組合）

二　生活構成的派生団体
(イ)伝達的派生団体（典型＝新聞社）
(ロ)教育的派生団体（典型＝学校）
(ハ)道徳的派生団体（典型＝修養団体）
(ニ)政治的派生団体（典型＝国家）

三　生活表現的派生団体
(イ)宗教的派生団体（典型＝教会寺院）
(ロ)学問的派生団体（典型＝学会）
(ハ)芸術的派生団体（典型＝芸術団体）
(ニ)娯楽的派生団体（典型＝クラブ）

礎団体」と「派生団体」に区別することができる（**図3**「社会集団の分類」を参照）。

新明は、すでに述べた意味的行為の分類基準にしたがって、「派生団体」を「生活遂行的派生団体」「生活媒介的派生団体」「生活表現的派生団体」に分類した（**表4**「派生団体の分類」を参照）。こうして「基礎団体」と「派生団体」の相即的な関連性によって成立するのが、内容豊かな最高の結合の形式としての「総合社会」である。具体的には、「基礎団体」としての民族を土台とし、「派生団体」としての「国家」を要件とし、さらに「国民」を主体として「国民的総合社会」が成立する。国民的総合社会は、実質的には人間社会の統一的形態である。綜合社会学は「狭義の社会」とともに「広義の社会」を主要な分析の対象とするが、「国民的総合社会」が究極的には分析の対象と位置づけられたのである。

ところが、新明は「国民的総合社会」の分析は序論的提言に止まり、しかも「広義の社会」を総合的に認識し得たとは言えない。新明は、「一般社会学」の三部作として、すでに述べた『社会学の基礎問題』と『社会本質論』に次いで、『社会組織論』を刊行することを予告した。『社会組織論』は、新明の回顧によれば、「戦争末期から終戦や占領状態にいたる動揺と混乱にわざわいされて、ついに執筆不可能に終わってしまった」のである。新明は「一般社会学」の考察の究極的な対象として「国民的総合社会」を位置づけたが、その考察は、いわば未完成に終わった。そのことは、新明の「一般社会学」、さらには「綜合社会学」が未完の容器に止まったことを意味する。

(4)社会学の体系と綜合社会学

新明社会学の特質は、一言で言えば、「行為関連」の立場から綜合社会学を体系化したことである。すでに「行為関連」の立場について述べたので、以下では綜合社会学の体系と構成について触れる。新明が綜合社会学の体系を完成したのは、大部の『社会学辞典』(一九四四)である。本辞典は、新明が提唱した綜合社会学の体系によって編集され、新明によってほとんどの項目が執筆された。そこで、新明の綜合社会学の体系を明らかにするために、『社会学辞典』を検討する。

当時、社会学という学問は講壇でも十分に認知されていなかった。そこで、新明は「社会学的認識の普及と徹底とを促進」することをめざし、しかも編集方針として「社会学の体系的構成を基準として諸問題を整合する方法」を採用した。それは、社会学に関して断片的知識の羅列に終らず、真の社会学的知識が体系的に得られるように配慮したからである。そのため、国語辞典のように、収録した項目は五十音順に排列しないで、綜合社会学の立場から体系的に構成し、そのことによって、社会学に関連した広範囲の項目を収録して説明することが可能となった。こうして、本辞典は日本における社会学研究の到達点を示し、過酷な戦時下の「種々の予想外の困難」を克服し、戦前と戦後の社会学研究を架橋することになった。今日においてもなお、社会学の体系的な辞典が刊行されていないという点で、本辞典の刊行は画期的である。

新明は「綜合社会学」の立場から「社会学の体系」を簡明に位置づけている。社会学の諸体系は、つぎのような標識によって区別される。

①社会学の認識対象が「広い」か「狭い」という標識。
②社会科学の存在を認めるか、否《いな》かという標識。
③社会科学を認めた場合、社会学と社会科学との関係をいかに決定するかという標識。

④社会諸現象の認識にあたって、「外延的認識」（共同生活の共通的特徴を認識しようとする）か、あるいは「内包的認識」（全体的関連を認識しようとする）かという基準。

新明によれば、社会諸現象を統合的に認識しようとするのが「綜合社会学」である。その際、「綜合社会学」と言っても、コントやスペンサーのように、社会諸科学の存在を認めないのが「単一包括的社会学」（表5「社会学の体系」A—①）である。そして社会学をして「外延的」綜合認識に限

表5　社会学の体系

A　綜合社会学

①単一包括的社会学（百科全書的社会学）

　例　コント、スペンサー。

②内包的綜合社会学（外延的綜合認識をも当然包含する）

　例　ウォルムス、デュルケーム、ホブハウス、オッペンハイマー、テンニース、シュパン、ヴント、新明正道。

B　特殊科学的社会学

①外延的綜合認識を内容とするもの

　例　タルド、ギディングス、マッキーヴァー、リシアール、パーク、エルウッド、パレート、ジンメル、ブークレ、フォン・ウィーゼ、フィーアカント。

②結合、関係を特殊的社会現象として研究するもの

　例　高田保馬、（フィーアカント）。

定し、社会諸科学の存在を認め、したがって社会諸科学との共存を認める「特殊科学的社会学」（B—①）と、「結合」や「関係」などの特殊的社会現象を対象とする特殊科学的社会学のもう一つのタイプ（B—②）に分類される。新明が支持した「綜合社会学」は「内包的綜合社会学」（A—②）であり、『社会学辞典』はこの立場によって編集・執筆されたのである。

補遺6　新明正道編著『社会学辞典』（一九四四）の出版とその意義

新明は、戦時下のあらゆる困難を克服して、千ページあまりの大部の『社会学辞典』をほとんど独力で編集・執筆・刊行した。本辞典は、新明の綜合社会学の立場から、また戦前までのあらゆる社会学研究の成果を収録して、体系的に編集された。

新明がドイツ留学中、ベルリン大学教授のA・フィーアカントによって大項目主義の『社会学辞典』（*Handwörterbuch der Soziologie*,1931. 戦後、ヘルムート・シェルスキーによって復刻された）の編集が進行していた。フィーアカント自身がその「序文」で述べているように、『辞典』の編集方針はドイツにおける社会学研究の現状を確認し、社会学の発展を展望することである。当時にあって、古い世代の形式社会学のフォン・ヴィーゼや理解社会学のベルナー・ゾンバルトを始め、新たに登場した知識社会学のマンハイム、アルフレート・ヴェーバーの文化社会学、さらに現実科学的社会学のフライヤーなど、新旧の社会学者が寄稿したことから、ドイツ社会学の現状と発展を総観することが可能である。しかし『辞典』が形式社会学を中心に編集されていることから、新明は必ずしも満足するものではなかった。

帰国後の新明は、すでに述べたように、一方では、ドイツ留学中に学んだ知識社会学や現実科学的社会学の研究に着手し、その成果を矢継ぎばやに上梓し、他方では、新式の綜合社会学の体系化に専念した。その延長上に、社会学的知識を項目的に整理し、具体的に内容づけたのが『社会学辞典』である。本辞典は一九四〇（昭和一五）年に企画を開始し、その翌四一年四月から編纂の作業に着手した。同年、太平洋戦争が勃発し、出版統制とともに、用紙の配給統制も強化され、出版事情はますます悪化した。しかも社会学年表や索引の作成と編集校正に協力した對馬貞夫、金澤實、堀井岸雄など一一名の学士・学生のうち、八名は学業半ばにして出兵・出陣した。

すでに述べたように、一九四二（昭和一七）年一二月、大日本言論報国会が発足すると、新明は大熊信行の仲介で理事に就任したが、それは報国会の「看板として利用された」のである。そして、役職者の人選にあたった内閣情報局は、役職者として推薦されたものが就任を拒否すると、その後の著作は公刊できまいと脅迫していた。新明は、言論右翼で多数派の新日本世紀社系の理事と対立し、その後は理事会をボイコットして欠席した。しかし、万難を排して『社会学辞典』の出版を期する新明には、おそらく言論報国会理事を辞任することはできなかったであろう。こうして、四四年夏、「種々の予想外の障碍《しょうがい》」を克服して出版された。新明は、『社会学辞典』が「苛烈な決戦期においてなほ我國の社会学界が前進して止まないことを示す一標識」となることを期待したのである。

『社会学辞典』は第一部「社会学」と第二部「社会学史」から構成され、前者は新明綜合社会学の骨格と精髄が集約されているといえよう。また後者は社会学の成立のほかは、フランス、イギリス、ドイツなどと国別に、社会学史を総観し、さらに人名を中心にした人名辞典の体裁をとっている。戦後、新明は『社会学史』（一九五一）および『社会学史概説』（一九五四）を刊行しているが、新明の社会学通史の構想はすでに『社会学辞典』第二部で完成したものである。このように、『社会学辞典』は新明綜合社会学がそうであるように、日本の社会学もまた戦前と戦後の発展を架橋する一大金字塔と言えよう。

(5)綜合社会学の構成

新明自身が提唱した社会学は、コントやスペンサーの「単一包括的社会学」、つまり総体社会学、さらにジンメルらの形式社会学、つまり「特殊科学的社会学」とは区別された「内包的綜合社会学」と特徴づけている。では、新明は綜合社会学の内部の構成をどのように構想したのであろうか。結論を先に言えば、新明は「広義の社会」（「狭義の社会」を含む）を対象として、それを認識するために、①一般社会学、②歴史社会学、③実践社会学（あるいは応用社会学）の三部門に加えて、④社会の特殊的領域、例えば、経済、政治、宗教などを個別的に研究する特殊社会学（経済社会学、政治社会学、宗教社会学など）の四部門によって構成されている（「社会学の輪郭」、一九六四、『著作集』第九巻所収）。

一般社会学

新明によれば、**一般社会学**は、多元的な総合社会を普遍化的に認識し、総体社会の一般的形相を明らかにするものであって、それによって総合社会の一般的原理や一般的法則を獲得するものである。それにたいして、**歴史社会学**は個別化的に認識し、社会の歴史的形相を体系的に考察しようとすることで、一般社会学と区別される。新明が綜合社会学をして、一般社会学と歴史社会学をもって組織化しようとしたのは、社会の本質が「行為関連」として「総合的」であるとともに、「歴史的」だからである。

一般社会学はさらに**社会構造論**と**社会変動論**の二つの部門に大別される。社会構造論と社会変動論は、コントが社会学理論の構成について、社会秩序の法則を分析する社会静学と、社会進歩の原理を分析する社会動学に大別したが、その伝統を継承するものである。**社会構造論**は総合社会を具体的社会の究極的な単位と見なし、一方では行為の体系として、他方では集団の形態として分析することである。総合社会は複雑な構成をしているが、相対的に統一し、全体社会として成立している。しかし総合社会は、集団内あるいは集団間の対立と矛盾、強制と闘争の契機をうちに含みつつ、統一体として成立し、一定の体制として成立し、存続している。

社会変動論もまた、一定の社会体制が決して永遠に持続するものではなく、社会変動が不可避的であることから、総合社会の分析にとって不可欠である。社会変動はさらに社会変化、社会変革、社会改革に区別することができる。社会変化が必然的に体制の変革をともなうものではなく、既存の体制が変容して、存続することもあり得る。体制の内部に矛盾が生じると、体制変革のための意志や勢力が発生する。体制の部分的な変革を社会改革と呼ぶ。総合社会の内部にアノミー（無規制的状態）が持続し、しかも既存の体制に反対する側からそれを変革する意志が有力となる。そこで、体制変革が成功すると、新しい原理にもとづいて新しい体制が樹立される。これを社会変革と呼ぶ。社会変動論はこのように社会体制の変動の一般的な特性を解明するものである。

ところが、すでに触れた歴史社会学は、長期の社会変化の過程を研究する社会変動論と区別され、歴史的な体制やその相互的な関連性を個別化的に、つまり歴史的事象を一回起性として、また代替不可能性として、その歴史的個性を解明することを目的としている。

歴史社会学

今日の社会学研究では、特定の歴史的事象を分析し、歴史社会学の研究と称される業績が注目されている。では、新明社会学において、歴史社会学は綜合社会学の構成ではいかなる位置と特徴をもつのであろうか。新明は、すでに述べたように、社会の本質は「行為関連」として「総合的」であるとともに、また「歴史的」であるとして、社会の歴史現象を歴史社会学的に解明する必要性を強調している。

ドイツ西南学派の創始者のヴィンデルバントや、その弟子のリッカートは、科学の方法を基準にして、普遍化的認識を目的とする法則科学（＝自然科学）と、個別化的認識を目的とする歴史科学（＝文化科学）に分類した。そこから、社会学は法則科学の一部と見なされ、普遍化の認識を目的とする一般社会学に限定された。新明は、リッカートとは異なり、普遍化／個別化の認識こそあらゆる科学的研究に必要であることを主張し、社会学研究においても社会の普遍化的認識を特徴とする一般社会学とともに、個別化的認識を特徴とする歴史社会学の必要性を提起した。

M・ヴェーバーは、リッカートの文化科学の論理を継承しつつ、社会学をして一般社会学と想定し、理解社会学という独自の方法論を確立しながら、歴史社会学の名著『プロテスタンティズムの倫理と資本主義の精神』（一九〇五）を発表した。そこでは、なぜヨーロッパにおいてのみ近代資本主義が成立したのかという問題関心から、歴史的個体の個別化的認識が認められる。こうした歴史的個体の分析と並行して、M・ヴェーバーには理解社会学における普遍化的認識、つまり一般社会学の範疇として構成されている。M・ヴェーバーの都市論、官僚制論、音楽社会学その他はいずれも、なぜ近代合理主義が西欧においてのみ発達したのかという問題関心に由来し、結果的には、それぞれの歴史的事象の個別化的認識を可能にしたのである。

ところが、新明は歴史社会学の体系的理論的な位置づけに専念したが、歴史的事象の個別化的認識を意図して、文献的に実証したモノグラフ的研究はない。綜合社会学の組織として歴史社会学の認識課題を位置づけたが、そうした提唱は必ずしも説得的ではない。すでに述べた『社会学辞典』でも、新明は綜合社会学の構成として一般社会学とともに歴史社会学を指摘したが、歴史社会学の範囲に属する問題を取り扱うことは「技術的にきわめて困難である」という理由で、歴史社会学に属する下位的項目を欠いているのである。

実践社会学

実践社会学（あるいは応用社会学）もまた綜合社会学の一部門を構成する。すでに述べたように、一般社会学や歴史社会学（両者を理論社会学と言う場合がある）が現存する社会を存在的に認識することを目的としているのにたいして、**実践社会学**は価値的ないし規範的に認識すること、つまり社会における「理想」や「政策」という一定の実践的な方針を科学的に基礎づけようとするものである。とは言え、社会の存在的認識と価値的・規範的認識は、別個に区別されるものではなく、根本的には学問的な都合にもとづく任意の区別に他ならない。新明によれば、実践社会学における研究対象は、広範な社会問題の政策的解決に関連した公私のあらゆる政策的措置を含むものである。

もっとも、新明によれば、実践社会学は二つの意味によって区別される。一つは実践社会学と理論社会学を部門として区別することなく、理論そのものが実践と結びつき、理論社会学そのものを実践社会学と見なす立場である。もう一つは理論社会学が指示する一般的・特殊的認識を基礎として、実践的な目的の設定とその実現の手段を研究する社会学を実践社会学と見なす立場である。新明は後者の立場を支持し、実践社会学を理論社会学とは別個の部門と見なしている。

これまで述べてきたように、新明は綜合社会学の構成として一般社会学、歴史社会学、実践社会学の三部門を設定したが、これらは一般に慣用されている社会諸科学における「理論」、「歴史」、「政策」の三部門に対応して着想されたことは明らかである。新明が綜合社会学の構成として三つの部門を目安として設定することは、必ずしも不当ではない。しかし、ある社会学的研究が同時に理論的であり、歴史的であり、実践的であるということもあり得るし、あるいは同時に社会の「普遍化的認識」「個別化的認識」「規範的認識」でもあり得るのであって、ある社会学的研究について部門的に厳密に区分することはおそらく不可能であろう。さらに新明の「一般社会学」は、すでに述べてきたように、『社会学の基礎問題』や『社会本質論』によって明らかにされたが、「歴史社会学」や「実践社会学」においてはそれぞれモチーフの単なる表明にとどまり、「理論的図式」や「具体的なモデル」は積極的に提示されていない。

特殊社会学

以上のように、新明は綜合社会学が「行為関連」の立場に立ち、しかも人間の主体的・創造的な行為が現実性、歴史性、実践性をもつことから、綜合社会学もまた「現実的、歴史的、かつ実践的」な意義をもち、したがって綜合社会学の構成も一般社会学、歴史社会学、実践社会学の三部門をもつものと指摘した。しかし、これらの基本的な研究部門のほかに、社会のなかの一定の特殊的領域を対象とする種々の特殊的研究分野として、例えば、経済社会学、政治社会学、宗教社会学、知識社会学などの**特殊社会学**が存在する。新明によれば、これら特殊社会学は「基本的な研究部門に対して本来従属的な意義しかもっていないものの、一面においては基本的な研究部門を補強する役割を演じてきた」とされる（「社会学の輪郭」、一九六四、『著作集』第九巻所収）。

ここで、問題となるのは、特殊社会学と社会諸科学の関係である。例えば、経済社会学と経済学、政治社会学と政治学はどのように関係するのであろうか。つまり、経済現象を対象として経済学が存在しているのに、それとは別に、なぜ経済社会学が成立するのであろうか。あるいは、経済社会学は経済学にたいしてどのような独自性をもつのであろうか。一般的に言えば、特殊社会学は社会学独自の原理に即して、一定の特殊的領域の考察を目的としている。さらに綜合社会学の立場では「広義の社会」を対象とし、また「全体としての社会」を総合的に認識することを目的としていることから、特殊社会学においても一定の特殊的領域だけを独立して考察するのではなく、あくまでも「全体としての社会」と有機的に関連づけて考察することを課題としている。

新明自身は、すでに述べたように、特殊社会学研究として、カール・マンハイムに触発されて、彼のイデオロギー論をマルクス主義に依拠して、批判的に考察した知識社会学の研究（本書、第2章1(3)、五〇頁以下参照）、あるいはイタリア・ファシズムのイデオロギー、つまりファシズムの社会観や国家観と、それらと関連してソレル、パレート、ニーチェの思想体系を分析した政治社会学の研究（第2章1(4)、五七頁以下参照）、さらにゴビノー、チェンバレンその他の近代人種主義論を検討し、ナチズムの人種主義を徹底的に批判した民族社会学の研究（第2章1(4)、六〇頁以下参照）、さらに文献研究を中心としたこれらの特殊諸社会学の研究とは異なって、理論的・経験的・実践的な地域・都市社会学の研究（第3章1(2)、一〇八頁以下参照）を列挙することができる。

たしかに、新明の特殊社会学の諸研究は、それぞれ困難な時代を透視し、状況的な課題の核心に迫り、批判的な警告を意図し、あるいは建設的な提言を意図して、それぞれの特殊的領域を「全体社会」と関連づけて把握しようとしたのである。

(6)綜合社会学と新体制樹立運動

新明が『社会学の基礎問題』や『社会本質論』を上梓し、自ら提唱した綜合社会学を体系的に整理し、具体的に内容づけ、戦時下の「予想外の障碍」を克服して編著『社会学辞典』を刊行した。新明の社会学研究が確立する前後の時期、彼は政治、思想・文化の分野で活発に評論活動を展開し、思想・文化評論集として『文化の課題』（一九三八）、『思想への欲求』（一九四二）、さらに政治評論集として『東亜協同体の理想』（一九三九）、『政治の理論』（一九四二）を連続的に刊行した。とくに二冊の政治評論集は日中戦争直後の第一次近衛声明（「国民政府を対手《あいて》にせず」）を撤回し、第二次近衛声明（「東亜新秩序」の建設）・第三次近衛声明（日中国交調整のための近衛三原則）、さらに第二次近衛内閣の新体制樹立運動・大政翼賛会の国内的施策、東亜新秩序・欧州新秩序の対外的政策を熱烈に支持した信条告白の書である。と同時に、新明は、新体制建設のために日本の社会科学者に「綜合的な社会的認識」の必要性を強調し、「新体制を自分のものとして体得し、科学をして新しい生活形成の綜合的認識を提示し得る武器として鋳直してかかる」ことを要請した（「日本社会科学の方向」『日本評論』一九四〇）。

一九四〇（昭和一五）年は「紀元二千六百年」と喧伝され、日本社会学会はそれを記念して臨時大会を開催した。新明は「社会学の現在における課題」と題して研究報告を行い、日本社会学は近衛内閣の「基本国策要綱」（大東亜新秩序・国防国家の建設）に全面的に貢献すべきだと提言している。つまり、国民社会の総合的考察に従事している社会学は、今や「積極的に新体制建設のために理論的活動をなすべき時機に対面している」のである。ここでは、綜合社会学の探求者としての新明と評論家としての新明、新明における科学的認識と価値的評価は一体化し、近衛新体制建設のために、彼の精力のすべてを傾注したのである。

新明の編著『社会学辞典』の第一部第七篇「文明社会論」の「現代社会の動向」（第五章）の説明として、「全体社会」「ファッシズム」「民族社会主義」「新体制樹立運動」「東亜新秩序」などの項目があてられ、それらはいずれも近代国民社会の再組織化を示すものとされている。近代国民社会は個人の自由と平等を第一義とする「自由主義」によって形成されたが、しかしその内部では自由放任主義（レッセ・フェール）によって国内的には個人の対立を亢進《こうしん》し、労資の対立と抗争をもたらし、国際的には自由競争の原理によって先進国では自由貿易主義を採用し、後進国では保護貿易主義を採用して対抗し、国際的に衝突した。新明によれば、「自由主義」を変革しようとして登場したのが、ソ連の社会主義であり、それと別個に遅れて登場したのが、イタリアのファシズムであり、ドイツのナチズムである。日本では「自由主義」を国民的見地から克服するため、自由主義的旧体制に代わる「新体制樹立運動」が起こり、それは既成政党の自発的解消、日独伊三国同盟の締結、翼賛議会の確立、庶政の刷新として実現されたのである。

近衛側近や近衛文麿のブレーントラストの昭和研究会と同じく、新明もまたその当初は国民の政治的自発性を喚起し、広範に国民を基盤とした強力な国民組織を作り、暴走する軍閥・官僚に対抗し、近衛を中心にした国民指導部の結成に期待し、日中間の早期和平のために論陣を張り、世論を形成しようとした。しかし、新明はミイラ取りがミイラになったように、やがて日本を破滅に導く国家権力に追随したのである。新明は『社会学辞典』では東亜新秩序の建設のために、「大東亜戦争の勃発とともに、それは更に大東亜共栄圏の建設としてより具体化され且《か》つ拡大されるにいたった」と解説し、さらに「我々はその実現のために全力を以《もっ》てあたる覚悟を必要とされる」と強調して、日中・太平洋戦争を肯定したのである。ところが、『社会学辞典』を刊行した一年後の一九四五（昭和二〇）年八月一五日、国民は天皇の「玉音放送」によって戦争の終結を知らされたのである。

(7)綜合社会学と社会学史研究

新明は、これまで述べてきたように、綜合社会学を提唱した理論社会学者であり、社会学史家である。つまり、新明は、一方では綜合社会学の体系を模索・構築しながら、他方ではその起源から現在にいたる社会学の歴史を批判的に検討した。一般に、社会学史は社会学者の人名を羅列したものではなく、単なる諸学説の編年史でもない。新明によれば、社会学史の研究はその起源から現在にいたる社会学の理論や学説を批判的に検討することによって、社会学の学問的な構成、意義、課題を基礎づけるものである。新明は、社会学史の研究によって既存の社会学の学問的構成を批判し、自ら提唱した綜合社会学を学問的に基礎づけようとしたのである。

そのような意味で、綜合社会学の体系化と社会学史の批判的な研究は、相互並行的であり、相互媒介的である。とりわけ後者の社会学史は社会学通史、つまり、社会学の起源から現在までを通観して体系的に記述していることである。日本には数多くの社会学者が存在し、『社会学史』と称する単・編著も刊行されているが、体系的な社会学通史として『社会学史』（一九五一）、『社会学史概説』（一九五四）として二冊の単著を刊行したのは、おそらく新明だけである。二冊の単著は、もはや古典に属するが、しかしそれを凌駕する、少なくともそれに匹敵する社会学通史は未だに刊行されていないのが現状であろう。社会学通史の研究は一朝一夕には完成するものではないからである。

社会学と社会思想

新明は、社会学は特定の社会的現実や歴史的現象に制約された「社会思想」によって基礎づけられると見なし、社会学と「社会思想」の関連を重視している。マンハイムは一九世紀から二〇世紀の社会思想として①官僚主義的な保守主義、②保守的な歴史主義、③自由主義的・民主主義的なブルジョア的思考、④社会主義的・共産主義的な観念、⑤ファシズムを指摘したが、新明はそれを参照して、とくに自由主義、保守主義、社会主義という三つの「社会思想」を基準にして、社会学の歴史を通観した。

そこで、社会学が歴史的に近代社会の自己意識として成立したことから、社会学は「自由主義」を有力な社会思想として成立し、発展した。ところが、「自由主義」が依然として社会学の不動の原理をなすのではない。「自由主義」の限界が露呈した現段階では、現代の社会学に積極的に意義をもつ社会思想は「保守主義」でもなければ、「全体主義」でもない。それは「社会主義」だけということになる。

新明は『社会学史概説』（一九五四）の「序」で自らの社会（学）観に触れ、「自由主義から社会主義への原理的転換はすでに現代の社会学のなかにも示唆されているところであって、今後の社会学にとっては内容的にこの原理を基調として近代社会の再組織のための認識的作業を進めることが、その歴史的にもっとも合理的な方向をなす」ものと結論づけている。とはいえ、「社会主義をもって社会を再組織する原理として社会学を建設しようとする企図は具体的に展開されるにはいたっていない」のが現状である。もっとも、新明自身は「社会主義」が思想的に何を意味するのか明言していないが、政治体制の思想としてのロシア・東欧社会主義を含み、さらに社会思想としての社会民主主義やマルクス主義など、それと特定できない広義の「社会主義」を意味する。もっとも、当時、社会学者で「社会主義」の立場を評価したのは、新明だけではなく、清水幾太郎（『社会学講義』、一九四八）や福武直（日高六郎との共著『社会学』、一九五二）などもいる。

社会学の起源

社会学を社会学通史として考察する際、重要なのが社会学の起源をどこに求めるかということである。社会学の対象である「社会」が「社会」として概念的に規定されるとともに、「社会」に関する知識が原理的に組織化されて、はじめて社会学が成立するのである。しかも社会学は歴史的には「近代社会の自己意識」として成立したのであるから、社会学の起源は「古代」や「中世」ではなく、むしろ「近代」に求められる。こうして社会学の近代起源説は一般的に妥当するが、「近代」のいかなる時期に、いかなる理論が妥当するのかを確定する必要がある。社会学の近代起源論として、一般に①一六、七世紀以来の近代自然法論、②一七、八世紀の経験的社会論、③一九世紀初頭のドイツ古典哲学、④一九世紀前半のフランス実証主義、⑤二〇世紀の形式社会学の先行的理論が提出されている。結論をさきに言えば、新明は社会学の起源として近代自然法論を支持し、その理論的意義と特徴を明らかにした。

新明は、社会学が「社会の科学」として成立する契機として、(i)社会学の固有な対象の規定、(ii)

社会学の固有な方法の確定、さらに(iii)社会学という学問の名称の決定を指摘している。近代自然法論はなによりも「社会」という対象を明確に規定したのである。一六世紀後半、近代自然法論は教会的貴族的な立場に立つフランス、スコットランドなど反王権的理論家によって提唱され、国家は社会契約によって成立し、国家の権力は人民の意志に基づくと主張した。ついで、近代自然法論は、一七世紀には市民階級にも支持され、市民階級を中心として全ヨーロッパを支配する最初の一般的な社会理論となった。ちなみに、近代自然法はソキエタス societas、つまり多数人の目的的結合としての社会という概念を確立し、人間の共同生活を把握しようとした。ホッブス、ロック、さらにルソーらの近代自然法論は「社会」を自覚的に考察し、社会学の固有の対象を規定したが、これによって社会学がただちに科学として成立したのではない。

社会学の特徴は経験と観察による経験的方法であるが、一八世紀のイギリスやフランスの経験的社会論をもって社会学の方法を確定したのである。イギリスのスミスやファーガソンは経験と観察によって人間の本性 human nature を科学的に基礎づけようとした。さらにフランスのモンテスキューもまた『法の精神』(一七四八)で、社会を具体的事実のなかに確認し、さらに法以外の社会的現象を対象とし、経験的方法をもってその全体的関連を法則的に認識しようとしたのである。

その後の一九世紀前半、フランスのコントは、社会学 Sociologie という学問名称を考案し、また物理学と生物学をモデルにして経験と観察にもとづく実証主義を提唱し、さらに精神の三段階の発展法則を樹立したように、社会を歴史的なものと見て、進化主義的な見地を採用しただけではなく、社会学のなかに社会静学と社会動学の二部門を区別したことによって、現代の理論社会学における社会構造論と社会変動論の二部門の構成の先駆的形態をなすものと言える。さらに、イギリスのスペンサーはコントによって創造された学問名称 sociology を採用し、壮大な社会学を体系的に組織化したことによって社会学の創設者と見なすことができる（以上、新明正道『社会学史』［一九五二］および『社会学史概説』［一九五五］）。

このように、新明は近代自然法論をもって社会学の起源とした。ところが、新明自身も認めているように、この起源説は、社会学史の研究では経験的社会論やコントの実証主義と比較して、少数派に属する。そして、すでに述べた経験的社会論やコントとスペンサーの社会学によって、新明の起源説を批判することはそれほど困難なことではない。しかし新明の近代自然法論起源説は彼の社会観と社会学観、つまり綜合社会学への体系志向性と密接に関連して提出されたものであるから、新明の社会観と社会学観の全体を考慮して、彼の起源説を批判することは、必ずしも容易ではない。新明の綜合社会学を批判的に否定するならば、少なくとも社会学の歴史においてその起源を明らかにし、総じて社会学の学問的構成と意義を明らかにする必要があろう。

社会学史の帰結

新明は『社会学史』（一九五二）で社会学の歴史として近代自然法論を社会学の起源とし、それにたいして社会学の成立を区別し、フランスのコント、イギリスのスペンサー、ドイツのローレンツ・フォン・シュタインを成立期の代表的先駆者として言及し、さらに一八七〇年代以後の社会学の発展期と、第一次大戦以後の現状について各国別に概観し、最後の第六章では「社会学史の帰結」について論及している。そこでは、社会学は広汎に発展して、十分な成果を可能にした。ところが、「社会学は社会学者の数だけある」と言うように、社会学そのものが曖昧で無秩序だという指摘にはまったく根拠はないと反論し、「彼らの社会学に関する見解そのものが不明瞭であったところに由来したもの」であるとして批判したのである。

新明によれば、社会学はその成立以来、「広義の社会」の綜合的認識を目指したのである。新明は、コントの百科全書的社会学のように、社会学をして包括した単一の学問、「単一包括的社会学」としての「総体社会学」ではなく、それとは明確に区別され、社会生活の特殊的部分的諸現象の共通的な性格を外延的に認識し、かつ社会生活の全体的関連を内包的・総合的な認識を目指しながら、しかも経済学、政治学やその他の社会諸科学の成立を認める「内包的綜合社会学」を提唱したのである。

新明は社会の全体的認識の重要性を強調し、綜合社会学を組織化したが、このような認識は「まだ社会学において時代の要望に対応し得る程度までその重要性が認められていない」と率直に述べている。さらに近代社会の再組織のために、有力な思想は自由主義ではなく、社会主義である。しかし「社会主義をもって社会を再組織する原理として社会学を建設しようとする企画は具体的に展開されるにはいたっていない」とも述べている。新明は、社会学史研究の結語として、社会学は社会主義を思想原理とし、しかも社会の全体的認識を目指すことによって、「近代社会の自己意識」であることを証明し、「現在から将来にわたってさらに学問として一層の発展を可能とされる」と述べている（『社会学史概説』、一九五二、岩波全書）。

ここには、新明の社会学観が社会学史研究の結語として語られているのである。社会学は「近代社会の自己認識」として近代社会の超克をめざす科学とされている。J・ハーバーマス流に言えば、近代《モデルネ》が「未完のプロジェクト」であるように、新明の綜合社会学もまた「社会主義」を思想原理として社会の全体性の認識をめざしたが、未完成にとどまったのである。ここで、新明が「社会主義」と言うのは、かつてソ連・東欧の政治体制の指導理念であった「社会主義」ではない。新明の社会学は、思想的には「自由（放任）主義」や「保守主義」と対置され、「民主主義」に基礎づけられた「社会主義」（社会民主主義）を思想原理とした社会学である。そして、新明の社会学は近代社会を対象と、その近代社会の超克を企図した綜合社会学にほかならない。

1967 (昭和 42) 年 10 月、古稀祝賀会、東京・私学会館

第3章　新明社会学と現代社会学

1953（昭和28）年、東北大学・法学部

1　社会学に対する私の立場

一九五〇年七月、日本社会学会の機関誌『社会学評論』が創刊され、その第四号には高田保馬、新明正道、尾高邦雄による「誌上討論・社会学に対する私の立場」が掲載された（五一年三月）。それは、日本の理論社会学の代表的な社会学者が戦後日本の社会学のあり方をめぐって、三者がそれぞれ「主張」「批判」「再批判」を繰り返すという相互討論である。四九年四月、新制大学が発足し、各大学で社会学の講義も実施され、社会学担当の教員も増加し、社会学の発展と最小限の共通認識が求められるようになった。そこで、当時の編集委員会は座談会「社会学をめぐる諸問題」（第三号）に引き続き、「社会学の立場」をめぐって誌上討論を企画した。

誌上討論で、高田は、自らの考える社会学の立場は三十年来と変わるところがないとして、「分析的即ち法則的科学」を提唱し、その対象を「人間結合」とする「特殊社会科学としての社会学」を主張して、新明と尾高の立場を批判した。新明は、「狭義の社会」を含めて「広義の社会」を認識対象とする「綜合社会学」の立場を主張し、「狭義の社会」を認識対象とする「特殊科学的社会学」の限界を指摘し、自ら到達した社会学理論の立場を根本的に変更する必要性を否認した。尾高は両者の社会学を相互に補足する立場から、社会学に固有な主題を確保しつつ、それを中心に綜合的に観察することを提唱した。

第二次大戦の終結によって、日本はアメリカ軍の占領化におかれ、民主化と非軍事化、財閥や封建遺制の解体など、新たな制度と価値観の探究が求められた。戦後の日本社会の再建のために、社会学者に求められたのは「社会とは何か」「社会はどうあるべきか」という問いであろう。そして現実の社会を解明するために、「社会学とは何か」「社会学は何をなし得るか」ということであろう。ところが、高田や新明の場合、戦前にすでに体系化された社会学理論を踏襲し、しかも「綜合科学か、特殊科学か」という二者択一的論理、もしくは相互補足的な関係（尾高）に固執したのであった。そのため、誌上討論では、社会学の理論的立場は表明されたが、現実社会を解明する方法や分析に関する社会学の経験的立場は具体的に語られなかったのである。

しかし、尾高は「社会学とは何か」の問いをめぐる長年の理論闘争こそ、社会学の実質的な貧困を結果させたと批判し、時代の趨勢はこのような社会学の「不生産的」理論闘争をおきざりにするであろうと結論づけた。そして社会学者の本当の仕事は「現実の社会問題の解決に向かって一致協力すること」であるという尾高の主張は、初学者のみならず、多くの社会学者に戦後の社会学研究を新たに方向づけることになったであろう。新明もまた東北地方の諸都市をフィールドにした経験的・実証的研究を指導した。そして尾高は、新明の綜合社会学が社会学固有の主題を欠如し、そのため「綜合点なき綜合」であると批判したが、新明にとって、綜合社会学のおける「綜合点」とは、広義の社会を相関的に把握する「行為関連」を意味する。戦前、新明が構想した「行為関連の立場」を、戦後になって広く「行為的アプローチ」、つまり「行為理論をもって社会学理論を基礎づけようとする立場」と改称したが、すでに社会学理論における行為理論を批判的に検討し、綜合社会学における「綜合点」を解明した。

この「社会学の立場」をめぐる誌上討論は、その当初から社会学界では好評のうちに受け入れられたのではない。尾高が討論の参加者として述べたように、「社会学は何か」という討議そのものが、不毛な理論論争であるという批判は今日でも繰り返されている。その一人が富永健一である（『社会学講義』、一九九五）。新明が提唱する「綜合社会学」をほとんど曲解した上で、富永は「そもそも第二次大戦後になってまで、特殊科学的社会学か総合社会学かなどと争っている国は、世界の中で日本しかなかった」とまで断言している。果たしてそうであろうか。

戦後初期のドイツ社会学は、ナチス時代の社会学研究の空白期間に終止符を打ち、社会調査を中心にした「経験的社会研究」によって再建・強化された。しかし五〇年代後半になって、戦後社会学の「創設世代」が強調したのは、「社会学理論の欠如」（ケーニヒ）であり、「社会学理論からの後退」（アドルノ）であり、「戦後世代」もまた「救い難い経験主義」（ダーレンドルフ）という研究状況であった。そこで提起された社会学の立場は、「経験的個別科学としての社会学」（ケーニヒ）であり、「経験的現実科学としての社会学」（シェルスキー）であり、すでに提唱されていた「社会の批判的理論」（アドルノ）である。

ケーニヒは「社会学以外のなにものでもない」nichts als Soziologie 社会学を強調し、社会学の理論として、全体としての社会や歴史に関する社会哲学・歴史哲学と明確に区別して、「経験的個別科学としての社会学」を提唱した。それにたいして、アドルノは経験的社会研究を批判し、「社会の全体性」と「事物の物神性」の認識を重視する「社会の批判的理論」を提唱した。両者の対立にあって、独自の立場（「第三の社会学」）を定式化したのがシェルスキーの社会学理論である。シェルスキーは「社会の超越論的理論」の立場にたって「経験的社会研究」を位置づけようとしたのである（参照、山本鎮雄『西ドイツ社会学の研究』、一九八六）。

「社会学の立場」をめぐる高田と新明の誌上討論は、ケーニヒとアドルノの社会学理論をめぐる論争と無関係ではない。ケーニヒは社会学を分析科学とみなす点で、高田が提唱する社会学の立場と共有するものがあり、アドルノは「社会の全体性」の認識を重視している点で、新明が提唱する社会学の立場と共有するものがある。いずれにせよ、「社会学とは何か」と言う設問を欠いて、社会学の研究は存在しない。しかし、社会学が経験科学であり、かつ現実科学であるかぎり、社会的現実と関連して、社会学の学問的性格も反省されるのも当然である。高田と新明の誌上討論では、大規模に変貌した「戦後」と言う社会的現実を踏まえて、「社会学とは何か」と理論のレベルで省察されなかったのである。その点で、この誌上討論は戦前と戦後の価値観の転換を体験した「戦後世代」には必ずしも納得する論争となり得なかったのであろう。

2　都市・地域の総合的研究と革新自治体

新明の都市・地域に関する研究は、一九五〇年代中頃から六〇年代前半のほぼ一〇年間に集中しているが、その研究は、すでに述べた文献研究を中心とした知識社会学・政治社会学・民族社会学などの特殊社会学と比較すると、経験的・政策的・理論的な総合的研究という点で特徴づけられる。

㈠　新明の経験的・実証的研究として、戦後の全国的な町村合併という地域社会の変動過程において「地域社会の組織化」(community organization) をテーマに設定し、「白石」調査を実施した（五五／五六年度、宮城県白石市)。さらに、新明は研究代表者として「地域社会の近代化――構造的機能的分析――」というテーマで産業都市「釜石」における社会過程の「分析図式」や「都市分類」の構想とともに、フィールド・ワークを実施した。この「釜石」調査の構想と実施は、東北大学文学部社会学研究室の若手の田野崎昭夫、鈴木広、小山陽一、吉田裕などの大学院生、いわゆる「新明正道グループ」に全面的に委ねられ、日本の都市社会学研究では画期的な経験的研究として評価された（五七／五八年度、岩手県釜石市）。

(二) さらに、都市の政策的・実践的活動として、仙台市の島野革新市政の政策ブレーンとしての都市行政や都市計画への関与と、東北都市学会（日本都市学会東北支部）の発足と初代会長（五九年七月）としての活動を指摘することができる。六一年三月に東北大学を退官した新明は、翌年一月の仙台市長選で現職の島野武候補（革新連合推薦）を応援した。新明は、十日間の市長選の奮戦記の結語で「今度の仙台市長選挙は革新統一戦線の勝利に帰した」が、仙台以上に大きな都市が革新市政になるまで、「この一つの勝利だけで満足しているわけにはいかない」と述べているように、仙台革新市政の継続、大都市における「革新自治体」の波及を期待して、実践的に活動したのである。新明の都市・地域研究がこのような実践的な目標にもとづき、方向づけられていることは銘記されるべきであろう。

(三) こうした都市・地域の経験的研究、さらに実践的な活動に加えて、新明が「社会学史家」として都市社会学の研究をかなり早く、シカゴ学派のパークやマッケンジーの都市の生態学的研究を「群態学」として紹介した。その群態学は新大陸へ移植されたデュルケームの社会形態学であると要約し、このような都市社会学の研究が生活への接近、見解の新しさ、実際の政策への関与を特徴としていることを評価した（「社会群態の学問」、一九二八、『著作集』第十巻所収）。新明はその後の研究でシカゴ学派の都市研究には批判的となり、その批判的視点は一九六〇年代前後の都市社会学の研究でも継承された。ルイス・ワースの三重図式のアーバニズム論を高く評価しながら、都市の人口的基礎や物理的構造などの「生態学的事象」にたいして、都市に特有な行為過程や居住形態を「地域関連現象」として再把握し、しかも都市の社会組織的側面や社会心理的側面を含めたアーバニズム論を提唱した。しかし、新明はシカゴ学派の都市社会学研究を批判したが、アーバニズム論への批判的素描に止まり、それ以上の詳細な展開は認められない。

新明は綜合社会学の見地にたって、「全体としての都市」を認識するために、「行政都市」の社会学的意義を明らかにした。そもそも、地域社会は(A)基礎的社会、(B)派生的社会、(C)全体的社会として概念的に類型化することができる。さらに、都市は地域社会の三類型に対応して、(a)「自然都市」(A)に対応する)、(b)「行政都市」(B)に対応する)、(c)「全体としての都市」(C)に対応する）に類型化することができる。「自然地域」（パーク、バージェス）、「自然都市」（鈴木栄太郎）を重視する従来の都市社会学研究にたいして、新明は「行政都市」（行政機関を中心として住民の全体をそのメンバーとする行政的統一体）の意義を提起した。都市は、自然発生的に基礎社会として成立し、その内部的な秩序を確立するためにも、行政的・政策的機能が必要となり、両者の地域社会的統合体として「全体社会としての都市」が成立する。

新明は単に「行政都市」の都市社会学的意義について論じたのではない。新明が論じたのは社会学的意義であり、それは基礎社会と派生社会という一般社会学の基礎的概念に注目し、さらに「自然都市」と「行政都市」という応用的概念に対応させて「全体としての都市」を構想した。しかし、都市社会学者の安田三郎は、戦前の新明の都市社会学研究について、「実証的研究を指導するに足る理論的枠組」を与えていないと批判した。戦後、新明はたしかに都市・地域の実証的研究を指導したが、都市を「地域社会の組織化」という観点から研究し、しかも「全体社会として」把握することを強説したが、それは必ずしも実証的研究を指導するに足る理論的枠組や分析図式を提出するものではなかった。戦後、社会学の研究として経験的・実証的研究が重視され、理論と調査の統合が強調されると、新明の理論・学説史への偏重が目につくようになった。もっとも、「釜石」調査に参加した「新明正道グループ」の田野崎昭夫は、その後も一貫して産業都市の調査研究を実施しているが、そのような実績に立って、「社会学における実証的研究および実践的研究は、綜合社会学の立場にあってこそ本格的に可能である」と強調している。

補遺7　新明の政治活動と「社会的民主主義」

新明は東京帝大政治学科の学生時代、新人会に入会し、「政治学の社会的実践」として青年社会運動に挺身した。当時、ラディカル・デモクラットとして吉野作造の「民本主義」を時代遅れと認定して、それと厳密に特定できないが、思想的には「社会主義」を想定し、イギリスのギルド社会主義、ドイツの社会民主主義、フランスのアナーキズムなど社会主義の諸思想を自主的・他律的に研究した。関西学院時代には月刊同人誌『社会思想』に数多くの政治評論を執筆したり、「関西学院教授グループ」の一人として、無産政党の準備団体としての「政治研究会」神戸支部の結成に奔走した。この組織は神戸において革新勢力が進出する火種となり、関西学院教授グループでは河上丈太郎が衆院選で当選し、坂本勝は県会、松沢兼人は市会の議員選挙で当選した。

仙台での新明の政治的関与は、石原莞爾が主催する東亜連盟協会（三九年一〇月、発足）の宮城県支部参与員としての活動が目立っている。新明の回顧によれば、東亜連盟の主張には「非常に反動的なようでまた革命的なところ」があり、旧社会大衆党系の政治家は依るべき政党も社会運動団体も解散したことから、東亜連盟の思想に全面的に共鳴したのではないが、それを「一種の隠れ簑《みの》」として加入した。新明は、社会大衆党の菊地養之輔、日野吉夫に誘われて、東亜連盟協会宮城県支部に加入したところ、協会本部から中央参与会員（協会の最高同志）に任命された。四二年四月の第二一回総選挙（翼賛選挙）では、仙台各地で菊地養之輔（非推薦）候補の応援演説を行っている。

一九五一（昭和二六）年一二月、公職追放を解除された新明は東北大学の教壇に復帰した。五三年四月の第三回参議院選挙では、宮城県選出の右派社会党の菊地養之輔、日野吉夫代議士、左派社会党の佐々木更三代議士は、社会党左右両派の統一候補として、新明に出馬を働きかけた。公益委員として東北地方公共企業体等調停委員会委員長に就任した新明は、公共企業体（三公社五現業）の労働者からも圧倒的に支持された「東北大学進歩陣営」の一人であった。結局、新明は仙台在住の「教え子」たちの懸命な説得によって参院選の立候補を辞退した。

五八年一月、仙台市の「やり直し市長選」で革新統一候補の島野武が初当選すると、新明は第一期島野市政の政策ブレーンとして「仙台市財政調査団」の団長となり、財政報告書を提出した。仙台市の復興事業の立ち遅れを指摘するとともに、市営住宅建設や失業対策事業への投資、生活保護費などの社会保障経費の増加など積極財政政策への転換を提言した（五八年六月）。さらに新明は仙台市総合企画協議会の第二部会（都市計画）の部会長として大仙台の将来構想の立案に参画した。

六一年三月、新明は東北大学教授を定年退官し、その翌月に明治学院大学教授に就任した。その翌年一月の冬休み明けの授業を終えると、東京から仙台に直行し、現職の島野武候補の市長選を応援した。この市長選は革新陣営と保守陣営が雌雄を決する激烈な選挙であった。革新陣営は東北地方の革新自治体の拠点を死守するため革新統一戦線を結成して、背水の陣で臨んだ。保守陣営（自民党）は市政奪還に燃え、自民党の三木武夫などの大物政治家を動員し、大量の選挙資金を投入した。このように両陣営が激突したのは、仙台市長選挙がその後に予定されている第七回参院選（同年七月）と宮城県知事選（翌年二月）の前哨戦だったからでもある。

革新陣営は市長選の勝利ののち、参院選と知事選の統一候補として新明正道東北大学名誉教授を擁立する工作が本格化した。新明自身はすでに仙台を去り、しかも教壇から政界に転身する意図はなかった。新明自身が語るように、島野武の市長選を自発的に応援したのは、ただ仙台革新市政の継続、大都市での「革新自治体」の全国的波及を望んだからである。

新明は、『デモクラシー概論』で思想的にはもはや過去的な「自由主義的民主主義」ではなく、大衆に開かれた「社会的民主主義」の立場を表明したが、政治的には「保守主義」とは一線を画し、革新統一戦線を支持し、（当時にあっては）社会党に最も近かったであろう。新明は生涯において政治思想には紆余曲折があったが、その核心は新明の政治学の師である吉野作造、人生の師である賀川豊彦のキリスト教社会主義の思想が想定した「社会的民主主義」であろう。すでに触れた新明の親しい政治家たちは、いずれも「社会的民主主義」の系譜に連なっているのである。

3　パーソンズ社会学との対決

戦後初期、新明は、戦前の日本社会学がドイツ流の社会学、とくに理論研究に偏重したことを反省し、アメリカ社会学は主要には①実証的な調査研究の優位、②協同的研究の隆盛、③実際的問題への関心として特徴づけ、アメリカ社会学について「もっと深い学問的意識と自己の社会学的見識」をもって再認識する必要性を強調した（「第二次大戦後のアメリカ社会学について」、一九五〇、新明正道

『現代社会学の視角』所収）。新明は、戦後の早い時期からアメリカの社会学理論に注目し、五一年に出版されたパーソンズの『社会システム』*The Social System* を逸《いち》早く東北大学大学院の演習で取り上げて、パーソンズ研究を開始した。五四年に発表した「社会体系の概念について」では、綜合社会学の立場に立ち、ズナニエツキとパーソンズが社会システムの概念を重視し、とくに後者は「諸要素の相互依存的な均衡の組織」と見なしているが、「この概念に関連した成果がいたって貧弱であることは争えない」と批判した。

その後も、新明はしばしば「社会体系」の概念を論じたが、パーソンズのいわゆるＡＧＩＬ四機能図式のように、社会システムとそのサブシステムからなる社会体系の理論にたいして、そこには社会有機体論の残滓があり、社会の秩序、統合、均衡にあるとして極めて批判的である。すでに述べてきたように、新明は「広義の社会」を対象とする綜合社会学を提唱したが、その「広義の社会」は具体的には国民を主体とし、「民族」と「国家」によって構成される「国民的綜合社会」が想定されていた（新明正道編著『社会学辞典』）。とはいえ、「広義の社会」を理論的に措定することによって、全体社会を「綜合」する綜合社会学の方向性が暫定的に完成されるはずであろう。新明は、社会を「社会体系」として、それに依拠して、全体と部分を構造的・機能的に分析するために、「社会体系の概念」の積極的意義を見出した。パーソンズは社会体系理論として、経済、政治その他のサブシステムの相互間のインプットとアウトプットの関係、そのサイバネティックな関係、さらに各領域間の媒介メディアムの問題などを明らかにした。新明はパーソンズの社会体系理論における学問的業績を評価するだけではなく、自ら社会の全体と部分を「綜合」する「社会体系の理論」を提示すべきであり、社会体系論による「綜合社会学」の理論モデルを提示すべきであろう。

新明の綜合社会学が「綜合点なき綜合」(尾高邦雄)と批判されたが、新明がすでに戦前に提唱した「行為関連の立場」こそ、綜合のための綜合点と言うことができる。パーソンズは『社会的行為の構造』(一九三七)で主意主義的行為理論を提示したが、新明もまたほぼ同時期に、M・ヴェーバーの行為理論を集中的に検討して、個人の主体性や創造性と結びついた人格的行為をもとに「行為関連の立場」(一九三八)を独自に提唱したのである。新明は、一九七〇年代前半になってこの「行為関連の立場」を広く「行為的アプローチ」と言い換え、社会学における行為理論の源流にさかのぼるとともに、一方ではデュルケームとパレート、M・ヴェーバーの社会学における行為理論に論及し(第一部)、他方ではパーソンズを中心にアメリカ社会学における行為理論を検討して(第二部)、『社会学における行為理論』(一九七四)を刊行した。本書は行為理論に関する学説史的研究であって、その下巻(第三部)として、自らの綜合社会学を基礎づける「行為的アプローチ」を完成させることを予告したが、ついに完成されなかった。

さらに、新明はパーソンズの没後、彼の社会学や行為理論を論じた『タルコット・パーソンズ』（一九八二）を刊行した。本書は、実質的には新明が刊行した最後の著書となったが、病床にあっても研究意欲に燃え、「パーソンズ以後の社会学」と題する研究ノートを残している。一九八四年八月、新明は現役の社会学者として、また日本学士院会員として、八六歳で急逝された。

4 評価、継承、そして現代的意義

一九二六年四月、新明は東北帝国大学助教授として社会学講座を担当し、本格的に社会学の研究を開始した。その年、昭和と改元し、昭和期を通して、「行為関連の立場」から形式社会学を徹底的に批判し、「広義の社会」を対象とする「綜合社会学」の理論とその体系化を志向し、それを社会学史・学説史的研究によって論証しようとした。もっとも、ハーバーマスが近代《モデルネ》を「未完のプロジェクト」と称したが、その比喩をもってすれば、近代社会を総体的に認識し、批判しようとした新明の「綜合社会学」は、豊かな可能性を秘めた体系であったが、「未完のプロジェクト」にとどまったのである。こうした新明の「綜合社会学」にたいして、認識能力を越えたドン・キホーテと批判することも可能であろう。しかし、綜合社会学に限らず、社会学の体系化を志向し、それを遂行する研究者は世界的にもそう多くはなかろう。そのような意味で、新明は日本でも稀少の、世界的な社会学者と言えよう。

しかも、新明はつねに最新で、かつ最先端の社会学の研究に着目し、彼のたぐい稀な「学問的力量」と「人格的吸引力」によって、昭和の全期間を通して、日本の社会学界をリードした。戦前の昭和前期には、高田保馬と新明が理論社会学をリードし、松本潤一郎との社会学理論の体系をめぐる論争は、当時の若き社会学徒を熱狂させ、日本の社会学史において無視することはできない。とくに新明の関西学院時代の門下生の大道安次郎は、『高田社会学』（一九五三）とともに、『新明社会学』（一九七四）を書き、新明社会学の生成と展開を克明に明らかにした。

新明は社会学者として「戦後第一世代」に属し、東北大学文学部社会学科を舞台に戦後の「第二世代」「第三世代」を育成した。新明につながる社会学者の人脈については、すでに山岡栄市『人脈社会学』（一九八三）で記述されているので、ここでは省略する。しかし、新明自身は決して学派の形成には意を用いていなかった。ただ、「新明人脈」の成果として『新明正道著作集』（全十巻）の編集と刊行を指摘することができる。一九七五年、新明は喜寿を迎えた。それを記念する祝賀会で、新明の門下生が学恩に報いる一つの道として『著作集』の刊行が提案されたのであった。新明は膨大な著書・論文から取捨選択し、各巻に「序言」を執筆するとともに、一〇名の門下生が「解説」を執筆した。その後も、これらの門下生を中心に新明社会学の再検討が進められている。とくに、当時の社会学界の有力者が『著作集』の「すいせんのことば」を書き、各巻に付された「月報」には、新明の旧友・知人・門下生が多く執筆している。そこには、まさに日本の社会学を代表する新明の理論的独自性や研究態度という「学問的力量」と彼の「人格的吸引力」を如実に証明している（本書、「業績一覧」を参照、一二六頁以下）。

すでに述べたように、新明は恵まれた家庭環境のもとで育ったのではない。彼は青少年期の逆境を克服し、努力して優れた人格を形成したのである。そのようにして生まれた新明の「人格的吸引力」は、東北社会学研究会と『社会学研究』に脈々と受け継がれている。とくに、『新明社会学とその周辺』（『社会学研究』新明正道先生追悼特別号、一九八五）には、二二名の弟子たちがそれぞれの専門分野に即して、その内的構造を明らかにし、新明社会学の新たな展開を明らかにした。さらに、最近の『社会学研究』新明正道先生生誕百年特別号（一九九九）には、直接の弟子を中心に一三名の社会学者が論文を寄せ、新明正道研究と新明社会学の再評価を試みている。この特別号で明らかなように、新明が社会学者として論及した「行為理論」と「綜合理論」は、現今の社会学の理論研究においても決して色あせたものではないのである。そして大正中期から昭和全期の激動する時代に誠実に発言した評論家としての新明研究もまた、一つの社会学史の研究対象となり得るのである。

最後に、シリーズ『世界の社会学』『日本の社会学』では、本書で言及した社会学者から何を学ぶかという点を社会学を学ぶ若き学徒に提示することになっている。そのことは本書の全体で明らかにしたことにして、私自身の新明正道研究について述べ、若き学徒の参考に供したい。

私の新明正道研究

私の新明研究は、新明先生――これまで、ただ「新明」と略記したが、以下ではあえて「新明先生」と表現する――の没後に始まり、それから十余年が経過した。

すでに述べたように、晩年の一九八三年、新明先生はケルンに滞在した若き日の日記「ケルン大伽藍の空のもとで」を公表し、その「追録」で日記「ベルリン大学内外」その他を加えて、『ワイマール・ドイツの回想』を上梓することを予告したが、先生自身の急逝によって、実現しなかった。その後、ご遺族の方々がご遺志を継ぎ、遺著『ワイマール・ドイツの回想』（家永登編、恒星社厚生閣、一九八四）が出版された。

当時、私はドイツ社会学史をテーマに研究していた。すでに触れた『社会学研究』追悼特別号の『新明社会学とその周辺』（一九八五）に、新明先生が留学した同じ時期のドイツ社会学の問題状況を「ワイマール終期のドイツ社会学」と題して掲載して頂いた。私はこの論文をその前史として収録し、『西ドイツ社会学の研究』（一九八六、恒星社厚生閣）を出版した。その後、勤務校からドイツへ海外研修の機会が与えられ、さきの新明先生の遺著を持参し、「壁の町」西ベルリンに留学した。

この遺著と、出国時に新明綾夫人から「はなむけ」として頂戴した当時のベルリン・ガイドブックを携帯し、東西ベルリンを散策した。ある時、ベルリン国立図書館で新明先生が留学中にK・ドゥンクマンが編集する『応用社会学雑誌』に発表した独語論文「社会学の原理としての集団」（一九三二）を発見した。ついでオリジナルの邦語論文「方法としての社会学――社会学化の理論の構成――」（『社会学雑誌』、一九二九）と比較検討した時から、新明社会学を私の研究テーマとして自覚するようになった。この時点から、当時の新進気鋭の社会学者・新明正道先生が私のドイツ社会学史研究と交叉するようになったのである。

その後、中央大学文学部の田野崎昭夫教授と共同で、「新明社会学研究会」を発足させ、研究資料を収集する一方、雑誌『新明社会学研究』創刊号を刊行した（一九九二年三月）。この雑誌は、新明先生のご遺族をはじめ、新明社会学に関心をもつ社会学者、新明先生の学恩に報いようとする教え子の方々の理解と協力を得て、毎年一号を刊行し、第六号の刊行をもって休刊した（一九九六年一〇月）。このような個人の研究誌の刊行は、社会学界では稀有に属し、「注目すべき社会学現象である」（河村望）という評価をいただいた。その後、創刊号から第四号までに掲載された随想、回想、資料に、新たに執筆された論考を加えて『新明社会学の研究』（一九九六、田野崎昭夫教授と共同編集、時潮社）を刊行し、ついで新たに発見された「伯林《ベルリン》到着まで」「伯林日記」など八編を収録し、新明著『ドイツ留学日記』（一九九七、校閲・家永美夜子氏、時潮社）を出版した。この日記の編集には、私が東西ベルリンを散策して得た知見が大いに役立ったことは言うまでもない。

その後、第三作として、同じ時潮社から単著『時評家　新明正道』（一九九八）を刊行した。結果的には、本書を刊行するために、かれこれ十余年が経過した。これまでは、新明研究といえば、新明先生の綜合社会学の理論、知識社会学などの特殊社会学の研究が中心であった。ここでは、時評家としての新明先生の発言や行動に焦点をあて、社会史的な背景から一人の社会学者の社会観や社会学観を明らかにした。本書は、異端ではあるが、日本の社会学史の研究に一つの道を開くことになった。そのため、私は、新明先生の膨大な「時評」を解読するために、大正・昭和期の現代史とあわせて、ドイツ史を中心に世界史をあらためて学習した。解読の作業は、恐ろしく困難であったが、同時に知的興奮を覚えたものである。

『時評家　新明正道』が出版された一九九八年、新明先生は生誕百年を迎えた。東北大学社会学科の同窓会（会長・清水曠喜）と東北社会学研究会（会長・吉原直樹）によって「生誕百年記念事業実行委員会」が組織され、その一環として、すでに述べた『社会学研究』特別号（論文集）と『新明社会学研究』記念号（編集・杉山博、写真、画などの資料集）が刊行された。

新明先生が社会学の師として私淑した高田博士の場合、博士の生誕百年以前に『高田保馬博士の生涯と学説』（高田保馬博士追悼録刊行会編、一九八一）が刊行されたが、新明先生の場合も、生誕百年記念として論文集と資料集が刊行された。このような論文集の刊行はおそらく日本の社会学界では稀有に属する。高田博士と新明先生は、ともに「学問的力量」と「人格的吸引力」において優れていたが、師に学恩を謝し、敬慕する数多くの「教え子」たちもまた偉大だったと言うべきであろう。

最後に、新明先生の綜合社会学は彼の生涯において多くの社会学説を検討し、彫琢に彫琢を重ねられた。新明先生自身は「アルス・ロンガ・ヴィタ・ブレヴィス（学芸は長く、生命は短い）」と嘆じていたが、綜合社会学の体系は成就されず、「未完のプロジェクト」に止まったのである。そのような反省に立てば、リオタールが指摘するように、社会の全体性の認識をめざす綜合社会学と言うような「大きな物語」を素描するのではなく、むしろ「小さな物語」を想像的に発明することが、今日の社会学に求められているのであろうか。

このように、リオタールは「大きな物語」の終わりと「小さな物語」の始まりを宣言したが、私たちはひたすら現象や思潮の風向きの変化を追い、新明先生が提唱した綜合社会学を忌避しているだけであれば、社会学研究はポストモダンの時代の社会学たり得ないであろう。さらに、モダン、とくに「近代社会の自己意識」を批判的総体的に解明し、「近代社会の超克」を企図した新明綜合社会学が「未完のプロジェクト」にとどまったことを確認しただけで満足することはできないであろう。学ぶべきことの多い、新明社会学の新たな展開を若き学徒に大いに期待したい。

付録

新明正道の水彩画

業績一覧（新明正道の主著）

業績一覧は、年次順に列記するのが通例であるが、ここでは、まず『新明正道著作集』（全十巻、誠信書房）を列記し、『著作集』に収録されなかった主著を年次順に列記する。

◎『新明正道著作集』

第一巻　理論Ⅰ　解説　田野崎昭夫
『社会学序説』（一九二二）／『社会学』（一九二九、岩波書店版）／『社会学序講』（一九三二）

第二巻　理論Ⅱ　解説　大道安次郎
『社会学の基礎問題』（一九三九）／『社会本質論』（一九四二）

第三巻　理論Ⅲ　解説　田原音和
『ゲマインシャフト』（一九七〇、改訂増補）／『社会学の立場』（一九四九）

第四巻　学史Ⅰ　解説　菅野　正
『形式社会学論』（一九二八）／『独逸《ドイツ》社会学』（一九二九）

第五巻　学史Ⅱ　解説　森　博
『社会学の発端』（一九四八）／『社会学史』（一九五二）／「社会学史補論」

第六巻　知識社会学　解説　鈴木　広
『知識社会学の諸相』（一九三二）／『イデオロギー論考』（一九四九）

第七巻　政治社会学
『ファッシズムの社会観』（一九三六）／『ファッシズム国家観』（一九四二）／

『ソフィストの政治学的研究』（一九二一）　解説　鈴木幸壽
第八巻　民族社会学
『人種と社会』（一九四〇）／『史的民族理論』（一九四七）　解説　家坂和之
第九巻　群集社会学
『群集社会学』（一九二九）／「大衆および公衆の社会学」／「階級」（一九五〇）／
「社会学の輪郭」（一九六四）／附録　解説　佐々木徹郎
第十巻　地域社会学
「地域社会学」／「都市社会学」／「市民意識」　解説　斎藤吉雄

「月報」一号　新明正道「著作集刊行に際して」、福武直「『社会学の基礎問題』と卒業論文」、横山寧夫「書物を通しての恩師」、佐藤勉「行為関連の立場と現代社会学」／二号　樺俊雄「知識社会学について」、細谷昂「あのころの講義ノートから」、河村望「新明先生と『唯物論研究会』」／三号　松沢兼人「新明正道君の『政治』面」、谷田部文吉「思い出すことなど」、佐々木交賢「私とヒトラーとの出会い」／四号　飛沢謙一「花壇川前丁時代のことなど」、馬場明男「新明先生とアメリカ社会学」、早瀬利雄「新明社会学について」／五号　阿閉吉男「『形式社会学』と『独逸社会学』のこと」、秋元律郎「新明先生と社会学成立史」、渡辺友左「『不肖の弟子』と言語社会学」／六号　小山栄三「新明先生に関する覚え書」、鈴木二郎「新明先生の打たれた布石」、羽田新「社会学を志した頃」、坂本行蔵「新明先生と私」

◎『権力と社会』（内外出版株式会社、一九二四）
◎『欧州の危機』（日本評論社、一九三二）
◎『社会学要講』（弘文堂、一九三五）

◎『東亜協同体の理想』（日本青年外交協会、一九三九）
◎『思想への欲求』（三笠書房、一九四一）
◎『政治の理論』（慶應書房、一九四一）
◎『民族社会学の構想』（三笠書房、一九四二）
◎『社会と青年』（潮文閣、一九四三）
◎編著『社会学辞典』（河出書房、一九四四）
◎『デモクラシー概論』（河出書房、一九四六）
◎『ベルンシュタイン・修正派マルクス主義』（鮨書房、一九四七）
◎『国民性の改造』（有恒社、一九四八）
◎『社会学史概説』（岩波書店、一九五四）
◎『社会学的機能主義』（誠信書房、一九六七）
◎『社会学における行為理論』（恒星社厚生閣、一九七四）
◎『現代社会学の視角』（恒星社厚生閣、一九七九）
◎『タルコット・パーソンズ』（恒星社厚生閣、一九八二）
◎『ワイマール・ドイツの回想』（家永登編、恒星社厚生閣、一九八四）
◎監修（改訂版）『現代社会学のエッセンス』（ぺりかん社、一九九六）

新明が発表した論文は、東北社会学研究会『社会学研究』（新明正道追悼特別号、『新明社会学とその周辺』）の著作目録、および山本鎮雄・田野崎昭夫編『新明社会学の研究』（時潮社）の「論文目録」参照。

なお、新明の蔵書は甲南女子大学（神戸市）の「新明文庫」（和書五、八〇四冊、洋書二、七六〇冊）に収蔵されている。また新明自身の自著・編著・訳書・掲載雑誌など（二一七冊）が日本学士院会館図書室（東京・上野公園内）に「会員関係図書」として収蔵されている。

参考文献書誌

新明正道についての研究、評価、継承の一端を知る手がかりとして、以下の文献を列記する。

大道安次郎(一九七四)『新明社会学』恒星社厚生閣。

山本鎭雄・田野崎昭夫(一九九六)(編)『新明社会学の研究』時潮社。

山本鎭雄『時評家 新明正道』(一九九九) 時潮社。

新明正道博士還暦記念論文集刊行会(一九五九)『社会学の問題と方法』有斐閣。
学論および展望=谷田部文吉「政治社会学の一課題」/鈴木幸寿「国家社会学について」/福武直「日本農村社会学の課題」/尾高邦雄「産業社会学の発展と現況」 学史=佐々木徹郎「アメリカ社会学の起源について」/早瀬利雄「アメリカ社会科学運動と明治前期の移入社会科学」 集団の諸相=金沢実「集団分析の一展開」/対馬貞夫「組織体における閥の問題」/小山隆「家族形態の類別」 社会構造論=家坂和之「小社会の視点と構造態勢」/竹内利美「通婚圏についての一考察」/大道安次郎「全体社会とリージョナリズム」 大衆社会論=西村勝彦「大衆社会理論の再検討」/阿閉吉男「大衆化と大衆的人間」/樺俊雄「現代学としての社会学」 大衆心理学および社会人類学=安倍淳吉「社会心理学の基本的特質に関する諸問題」/岡田謙「社会人類学に於ける文化の性格」 社会変動論=高田保馬「力の欲望と唯物史観」

東北社会学研究会(一九六二)『社会学研究』(新明先生送別・発刊二〇号記念特集)。
新明正道「行為関連の立場について」 〈新明社会学の足跡〉大道安次郎「新明社会学の日本社

会学史における位置と役割」／家坂和之「その人　思想　学風」／対馬貞夫「綜合社会学における方法論的問題」／東北大学文学部社会学科小史

東北社会学研究会（一九八五）『社会学研究』（新明正道追悼特別号、『新明社会学とその周辺』）第一部（新明社会学をめぐって）一、新明社会学の形成＝田野崎昭夫「綜合社会学の一源流――その現実性と実践性をめぐって」／鈴木幸壽「新明社会学と政治」／細谷昂「新明社会学とマルクス、エンゲルス」　二、新明社会学の性格（Ｉ）＝松野達雄「新明社会学の存在論的理解」／堀井岸雄「新明社会学への道」／八木正「新明社会学の基本的性格」／山崎達彦「新明社会学における行為概念の基本的性格――新明社会学の理論的諸前提をめぐって」／船津衛「社会学と人間主体性――新明社会学再考」／佐藤勉「行為関連の立場と現代社会学」　三、新明社会学の性格（Ⅱ）＝菅野正「新明社会学における歴史社会学の意義」／松本和良「新明正道博士の歴史性の概念と行為理論」／樋口晟子「歴史とマルクスとパーソンズ――新明社会学との関わりのなかで」／森博「社会学思想史について――私的回顧と反省とをまじえつつ」／安田尚「新明社会学における知識社会学の意味――『知識社会学の諸相』によせて」　四、新明社会学の展開＝斎藤吉雄「応用社会学の役割――新明社会学における実践社会学の位置」／佐々木徹郎「新明社会学における教育」／高橋勇悦「新明正道先生の都市社会学――私的回顧をまじえて」／牟田口道夫「日本的経営における集団主義――新明社会学の一展開」／石澤志郎「行為関連としてのソーシャル・ケースワーク――新明社会学の所説が意味するもの」／関茂友「行為関連という名の社会学実践序説」／山本鎭雄「ワイマール終期のドイツ社会学」／北村寧「経済闘争と政治闘争の区別と関連について」　対談（綜合への意志）＝対馬貞夫／田原音和／鈴木広　第二部（新明先生の思い出）略　第三部（東北大学社会学研究室史）森博「社会学研究室小史」／内田隆治「『社会学研究』成立史――続　創刊思いつくまま」　弔辞＝斎藤吉雄／有沢廣己／青井和夫／斎藤正二／中

村泰次／N・ルーマン　新明正道先生略歴および著作目録

日本社会学会（一九八五）『社会学評論』一四二号（特集＝新明社会学の展開）
池田義祐「綜合社会学の構想と展開」／倉田和四生「行為の理論」／横山寧夫「新明社会学史と社会学思想」／河村望「新明社会学とファシズム」／田原音和「新明社会学における理論と経験的研究」

日本社会学史学会（一九八五）『社会学史研究』七号（新明正道先生追悼特集）
田野崎昭夫「『新明社会学』の起点」／吉田裕「新明先生と私」／大道安次郎「新明社会学の足跡」／馬場明男「社会学史家としての新明正道博士」／蔵内数太「懐旧」／斉藤正二「故新明正道先生への弔辞」

東北社会学研究会（一九九九）『社会学研究』（新明正道先生生誕百年特別号）
田野崎昭夫「社会学理論の立場をめぐって」／佐々木徹郎「新明先生の公職追放と解除運動」／山本鎭雄「新明正道と高田保馬の学問的・思想的交渉」／守屋孝彦「新明正道先生の『時論』再説」／秋元律郎「新明正道と知識社会学」／船津衛「新明社会学とミード社会行動主義」／佐藤勉「新明社会学の構想とルーマン理論」／松野達雄「新明正道著『ゲマインシャフト』に寄せて」／鈴木幸壽「ドイツ社会学成立史論」／松本和良「綜合理論と機能的システム論」／菅野正「戦前期日本の地域社会と官僚制」／高橋勇悦「大都市の青少年問題について」／関茂友「社会学と社会的実践」

新明社会学研究会（一九九二〜九六）『新明社会学研究』（一〜六号）

創刊号から四号までの論考その他は、上記の『新明社会学の研究』に収録。執筆者 第五号 論考＝金澤實「新明文庫の設立にいたる経緯」／河村望「社会学史研究の方法」／加藤哲郎「ベルリン反帝グループと新明正道日記」／山本鎮雄「新明正道先生と東亜連盟」、シンポジウム「新明社会学の全体像をめぐって」＝阿閉吉男「新明正道先生との出会い」／中村泰次「ジャーナリストとしての新明正道先生」、日記＝新明正道「満州旅行記」、回想＝吉田裕「新明先生と明治学院大学」／田野崎昭夫「新明先生と中央大学」／前田征三「新明先生と立正大学」／佐々木交賢「新明先生と創価大学」。第六号 對馬貞夫「新明正道先生から頂いた慰問文の思い出」、論考＝北川隆吉「新明正道論への『助走』」／田野崎昭夫「社会学における理論的立場」／秋元律郎「新明社会学の論争性について」／守屋孝彦「新明正道先生の戦前期の時論」／山本鎮雄「思想的転換の軌跡」、随想＝山本鎮雄「新明正道先生の『人物評論』」、資料＝新明正道「仙台市長選に参加して」／細谷昴「『社会学研究』の歩みによせて」 ほか

新明正道先生生誕百年記念事業実行委員会（一九九九）『新明社会学研究』（新明正道先生生誕百年記念号、写真・絵画など資料集）

新明正道略年譜

一八九八（明治31）0歳	二月二四日　台北市に生まれる（原籍＝石川県金沢市穴水町二番町四番地）
一九一〇（明治43）12歳	三月　金沢市長町小学校卒業
一九一五（大正4）17歳	三月　朝鮮総督府京城中学校卒業
一九一六（大正5）18歳	四月　第四高等学校第一部甲類（英法科）入学
一九一七（大正6）19歳	一一月　**ロシア一〇月革命**
一九一八（大正7）20歳	三月　第四高等学校第一部甲類（英法科）卒業
	七月　**米騒動が起こり、全国に波及**
	九月　東京帝国大学法科大学政治学科入学
	一二月　東京帝大学生、新人会を結成 日本メソジスト会員（大正一〇年まで）
一九一九（大正8）21歳	一月　新明、新人会に参加
一九二一（大正10）23歳	三月　東京帝国大学法学部政治学科卒業
	四月　関西学院文学部教授
一九二二（大正11）24歳	四月　新人会ＯＢ、『社会思想』を創刊、同人となる
一九二三（大正12）25歳	七月　金沢白銀教会で中野綾と結婚（のちに二児をもうける）
一九二四（大正13）26歳	一二月　日本社会学会会員（理事）となる
一九二六（大正15）28歳	三月　関西学院文学部退職

一九二九（昭和4）31歳
四月　東北帝国大学法文学部助教授就任（社会学講座分担）
四月　ドイツへ留学
一〇月　世界恐慌はじまる

一九三〇（昭和5）32歳
九月　ドイツ国会選挙、ナチス議席を急増

一九三一（昭和6）33歳
五月　帰朝
九月　東北帝国大学教授（社会学講座担当）
満州事変はじまる

一九三四（昭和9）36歳
五月　東北帝国大学で日本社会学会第九回大会を開催

一九三七（昭和12）39歳
七月　蘆溝橋で日中両軍衝突（日中戦争の発端）

一九三八（昭和13）40歳
一一月　近衛首相、東亜新秩序建設を声明（近衛第二次声明）

一九三九（昭和14）41歳
二月　評論家協会設立、中央委員（のちに日本評論家協会に改組）

一九四〇（昭和15）42歳
六月　東亜連盟宮城支部に入会、中央参与委員

一九四一（昭和16）43歳
一二月　太平洋戦争はじまる

一九四二（昭和17）44歳
一二月　大日本言論報国会発足、理事（四三年一二月以降、実質的な関係なし）

一九四五（昭和20）47歳
九月　河北新報社の編輯嘱託となる

一九四六（昭和21）48歳
九月　教職追放により、東北帝国大学教授を退く。
文学部社会学科の同窓生・学生を中心に追放解除の運動起こる。

一九五一（昭和26）53歳
一〇月　公職追放の解除につぎ、教職追放も解除
一二月　東北大学文学部講師

一九五二（昭和27）54歳
一月　東北大学文学部教授

一九五三（昭和28）55歳
九月　大阪大学より文学博士号を授与される

一〇月　東北大学で日本社会学会第二六回大会を開催
東北社会学会創立、同学会初代会長（一九六一年三月まで）

一九五七（昭和32）59歳　八月　日本社会学会会長（二年）

一九五九（昭和34）61歳　七月　アメリカ、イタリアへ出張　世界社会学者会議に参加（同年一〇月帰朝）

一九六一（昭和36）63歳　三月　東北大学教授退官（定年）
四月　明治学院大学教授

一九六三（昭和38）65歳　二月　日本学術会議会員（三年）

一九六四（昭和39）66歳　三月　明治学院大学教授退職
四月　中央大学教授

一九六六（昭和41）68歳　二月　日本学術会議会員（三年）

一九六八（昭和43）70歳　三月　中央大学教授退職（定年）
四月　立正大学教授

一九七五（昭和50）77歳　三月　立正大学教授退職（定年）
四月　創価大学教授

一九七六（昭和51）78歳　一一月　日本学士院会員となる

一九八三（昭和58）85歳　三月　創価大学教授退職（定年）
四月　創価大学特任教授

一九八四（昭和59）86歳　八月二〇日　急性腎不全にて逝去、享年八六歳

詳細な年譜については『新明社会学研究』（新明正道先生生誕百年記念号）を参照。

1972 (昭和47) 年 1 月、孫・家永まゆみさんの成人祝いの新明家、二列目左から 3 人目は家永三郎氏、右から 3 人目は館龍一郎氏

事項索引

人名索引

■著者紹介

山本鎮雄（やまもと　しずお）

1940年、東京に生まれる。
東北大学大学院文学研究科修士課程修了。
現在、日本女子大学人間社会学部教授。

主　著

『西ドイツ社会学の研究』恒星社厚生閣（1986）
『社会学的世界』恒星社厚生閣（1990）
『社会学』日本女子大学通信教育事務部（1993）
『新明社会学の研究』（共編著）時潮社（1997）
『時評家　新明正道』時潮社（1998）

訳　書

フランクフルト社会研究所編『現代社会学の諸相』恒星社厚生閣（1983）
エントルーヴァイト編『現代の社会学理論』（共訳）恒星社厚生閣（2000）

Shimmei Masamichi: Research into the Synthetic Sociology

〈シリーズ世界の社会学・日本の社会学〉
新明正道――綜合社会学の探究

2000年10月20日　　初　版 第1刷発行　　〔検印省略〕

＊定価はカバーに表示してあります

発行者 下田勝司　　印刷・製本　中央精版印刷

東京都文京区向丘1-5-1　郵便振替 00110-6-37828
〒113-0023　TEL (03) 3818-5521(代)　FAX (03) 3818-5514
E-Mail tk203444@fsinet.or.jp

発行所 株式会社 東信堂

Published by TOSHINDO PUBLISHING CO., LTD.
1-5-1, Mukougaoka, Bunkyo-ku, Tokyo, 113-0023, Japan

ISBN4-88713-372-3 C3336 ¥1800E

東信堂

責任という原理——科学技術文明のための倫理学の試み	H・ヨナス 加藤尚武監訳	四八〇〇円
主観性の復権——心身問題から『責任という原理』へ	H・ヨナス 宇佐美・滝口訳	二〇〇〇円
哲学・世紀末における回顧と展望	H・ヨナス 尾形敬次訳	八二六円
バイオエシックス入門〔第三版〕	今井道夫 香川知晶編	二五〇〇円
今問い直す 脳死と臓器移植〔第二版〕	澤田愛子	二〇〇〇円
空間と身体——新しい哲学への出発《たびだち》	桑子敏雄	二五〇〇円
洞察＝想像力——知の解放とポストモダンの教育	D・スローン 市村・早川監訳	三六〇〇円
ダンテ研究Ⅰ——Vita Nuova 構造と引用	浦一章	七五七三円
フランシス・ベーコンの哲学〔増補改訂版〕	石井栄一	六五〇〇円
アリストテレスにおける神と理性	角田幸彦	八三五〇円
ルネサンスの知の饗宴〔ルネサンス叢書1〕——ヒューマニズムとプラトン主義	佐藤三夫編	四四六六円
ヒューマニスト・ペトラルカ〔ルネサンス叢書2〕	佐藤三夫	四八〇〇円
東西ルネサンスの邂逅〔ルネサンス叢書3〕——南蛮と禰寝氏の歴史的世界を求めて	根占献一	三六〇〇円
原因・原理・一者について〔ジョルダーノ・ブルーノ著作集 3巻〕	加藤守通訳	三二〇〇円
必要悪としての民主主義——政治における悪を思索する	伊藤勝彦	一八〇〇円
情念の哲学	伊藤勝彦 坂井昭宏編	三二〇〇円
愛の思想史〔新版〕	伊藤勝彦	二〇〇〇円
荒野にサフランの花ひらく〔続・愛の思想史〕	伊藤勝彦	二三〇〇円
知ることと生きること——現代哲学のプロムナード	岡田雅勝 本間謙二編	二〇〇〇円
教養の復権	沼田裕之・安西和博 増渕幸男・加藤守通	二五〇〇円
イタリア・ルネサンス事典	H・R・ヘイル編 中森義宗監訳	続刊

〒113-0023 東京都文京区向丘1－5－1 ☎03(3818)5521 FAX 03(3818)5514 振替 00110-6-37828

※税別価格で表示してあります。